民航服务礼仪

图 2-1 为旅客提供优质服务

（a）　　　　　　（b）

图 3-7 刷腮红

（a）　　　　　　（b）

图 3-3 施眼影

（a）

（a）　　　　　　（b）

（b）

（c）

图 3-4 画眼线

（c）

图 3-8 涂唇彩

图 3-5 涂睫毛膏

（a）　　　（b）　　　（c）

图 3-6 修饰眉形

图 3-12 丝巾、丝袜、工作鞋　　图 3-22 扇形结

民航服务礼仪

图 4-8　女乘务员迎送形象　　图 4-9　乘务员迎客站姿　　　　　图 4-14　女乘务员微笑

　　　　　　　　　　　　　　　　　　　　　　图 4-18　乘务员客舱内相遇行姿

图 4-10　客舱内乘务员迎客站姿

　　图 4-13　男乘务员微笑　　　　　　　图 4-20　乘务员客舱坐姿

民航服务礼仪

主　编 ◎ 杨　静　郑大莉
副主编 ◎ 李志娟　李巧娜　熊慧茹

The Etiquette in
Civil Aviation Service

清华大学出版社
北京

内 容 简 介

本书立足于民航特殊职业岗位的规范要求，以中华传统文化和美学、生理学、心理学理论为基础，旨在帮助学习者深刻理解民航精神的内涵及特殊服务行业礼仪规范要求，强化服务意识，完善和提升良好的气质修养及优雅的职业礼仪，培养工匠精神和奉献精神，能够自觉践行社会主义核心价值观和当代民航精神。

全书共十章，分为职业篇和拓展篇。其中职业篇包括礼仪的内涵、民航服务概述与发展、民航服务人员职业礼仪基本规范、空乘人员客航服务礼仪、地面服务礼仪等五章；拓展篇包括社交礼仪、商务礼仪、言谈礼仪、涉外礼仪和民航面试礼仪等五章。

本书既适合高校民航服务类相关专业的学生使用，也可作为民航服务人员、轨道交通从业人员的培训参考用书。

本书封面贴有清华大学出版社防伪标签，无标签者不得销售。
版权所有，侵权必究。举报：010-62782989，beiqinquan@tup.tsinghua.edu.cn。

图书在版编目（CIP）数据

民航服务礼仪/杨静，郑大莉主编. —北京：清华大学出版社，2020.10（2024.3重印）
ISBN 978-7-302-59197-9

Ⅰ.①民… Ⅱ.①杨… ②郑… Ⅲ.①民用航空—乘务人员—礼仪 Ⅳ.①F560.9

中国版本图书馆 CIP 数据核字（2021）第 187899 号

责任编辑：杜春杰
封面设计：刘　超
版式设计：文森时代
责任校对：马军令
责任印制：沈　露

出版发行：清华大学出版社
　　　　　网　　址：https://www.tup.com.cn，https://www.wqxuetang.com
　　　　　地　　址：北京清华大学学研大厦A座　　　邮　编：100084
　　　　　社　总　机：010-83470000　　　　　　　　邮　购：010-62786544
　　　　　投稿与读者服务：010-62776969，c-service@tup.tsinghua.edu.cn
　　　　　质量反馈：010-62772015，zhiliang@tup.tsinghua.edu.cn
印 装 者：北京同文印刷有限责任公司
经　　销：全国新华书店
开　　本：185mm×260mm　　印　张：12　　插　页：1　　字　数：286千字
版　　次：2021年10月第1版　　　　　　　　　　　印　次：2024年3月第6次印刷
定　　价：49.80元

产品编号：089030-01

前　言

民航业作为高端服务行业，技术含量高、服务要求高、行业标准高。民航服务的主要对象是民航旅客，服务人员的仪表形象、言谈举止、礼仪素质、服务意识、服务技能等，不仅代表着自身的职业形象和能力，还代表着民航企业乃至国家的形象与尊严。民航礼仪素质是一个不断养成的过程，本教材立足于民航特殊职业岗位的规范要求，以中华传统文化和美学、生理学、心理学理论为基础，通过根植航空强国爱国主义情怀、理论讲解和实操训练，使学习者形成一种职业规范和自觉行为。本书内容涵盖职业篇和拓展篇，其中职业篇包括地面服务和客舱服务两部分，即民航旅客运输服务的全部；拓展篇包括个人社交中所必备的礼仪素养要求。

本教材希望通过在育人强化—理论建构—规范对照（自我认知）—习惯养成—常见纠错等方面循序渐进地学习和循环训练，帮助学习者深刻理解民航精神的内涵及特殊服务行业礼仪规范要求，同时强化服务意识，完善和提升良好的气质修养及优雅的职业礼仪，培养工匠精神和奉献精神，能够自觉践行社会主义核心价值观和当代民航精神。

全书图文并茂，共分十章，包括职业篇和拓展篇，从基本理论概念的建立到实操训练明细，理论与实践相辅相成，每一章章前设导读和学习目标，章后设思考与练习。本书配有多幅插图和教学视频资料。本书既可作为民航服务人员、轨道交通从业人员等学习职业礼仪相关课程的培训用书，也可作为高校民航服务类相关专业学生学习用书和教师教学指导用书。

本书在编写过程中，中原工学院学生霍丽阳，郑州经贸学院学生胡雅茹、史玉冰、魏一、王奕迪、李然、李德源、赵晟博、于欣欣、彭旭哲、马霓梦，雄县职业技术教育中心学生张琳茹、任天泽、李钰洁、曹思晗等 15 位同学承担了本书动作示范以及拍摄工作，在此一并表示感谢。

编者
2021 年 1 月

CONTENTS 目录

职 业 篇

第一章 礼仪的内涵 ………………………………………………………2

第一节 礼仪的含义 …………………………………………………………2
　一、古代的礼仪 …………………………………………………………2
　二、现代的礼仪 …………………………………………………………3
第二节 礼仪的起源和发展 …………………………………………………4
　一、礼仪的起源 …………………………………………………………4
　二、礼仪的发展 …………………………………………………………5
第三节 礼仪的原则 …………………………………………………………7
　一、平等原则 ……………………………………………………………7
　二、尊重原则 ……………………………………………………………7
　三、真诚原则 ……………………………………………………………8
　四、宽容原则 ……………………………………………………………8
第四节 礼仪的特征 …………………………………………………………8
　一、传承性 ………………………………………………………………8
　二、差异性 ………………………………………………………………8
　三、自律性 ………………………………………………………………9
　四、规范性 ………………………………………………………………9
　五、实操性 ………………………………………………………………9
第五节 民航服务礼仪的功能 ……………………………………………10
　一、强化民航服务人员的心理素质 …………………………………10
　二、塑造民航服务人员的形体美 ……………………………………10
　三、提升民航服务人员的职业素养 …………………………………10
　四、有效促进飞行安全 ………………………………………………11

第二章 民航服务概述与发展 ………………………… 12

第一节 服务的含义及服务的特征 ………………………… 12
    一、服务的含义 ………………………… 12
    二、服务的特征 ………………………… 13

第二节 民航服务及原则 ………………………… 14
    一、民航服务概述 ………………………… 14
    二、民航服务的基本原则 ………………………… 15
    三、民航服务意识与民航服务礼仪 ………………………… 16

第三节 民航服务中的心理学效应 ………………………… 21
    一、首轮效应 ………………………… 21
    二、亲和效应 ………………………… 22
    三、晕轮效应 ………………………… 23
    四、末轮效应 ………………………… 25

第三章 民航服务人员职业礼仪基本规范 ………………………… 26

第一节 规范民航服务人员职业礼仪的意义 ………………………… 26
    一、增强民航服务人员的服务意识 ………………………… 26
    二、促进民航公司高质量服务的发展 ………………………… 27
    三、促进民航公司企业文化的发展和健全 ………………………… 27
    四、促进民航业发展中经济效益的提升 ………………………… 28

第二节 民航服务人员职业妆容礼仪 ………………………… 28
    一、民航服务人员仪容修饰 ………………………… 28
    二、民航服务人员发型修饰 ………………………… 29
    三、民航服务人员妆容塑造 ………………………… 30

第三节 民航服务人员职业服饰礼仪规范 ………………………… 34
    一、服饰礼仪的基本规范 ………………………… 34
    二、民航服务人员职业服饰礼仪规范 ………………………… 36

第四节 民航服务人员职业仪态礼仪规范 ………………………… 42

一、表情 ·· 42

　　二、仪态 ·· 45

第四章　空乘人员客舱服务礼仪 ·· 61

第一节　航前准备礼仪 ·· 61

　　一、航前准备会 ·· 61

　　二、乘坐机组车 ·· 63

　　三、进入候机楼 ·· 63

第二节　迎送客礼仪 ·· 64

　　一、迎送前的准备礼仪 ·· 65

　　二、迎送礼仪规范 ·· 65

第三节　客舱服务礼仪 ·· 68

　　一、行姿礼仪 ··· 68

　　二、坐姿礼仪 ··· 68

　　三、蹲姿礼仪 ··· 69

　　四、问候礼仪 ··· 70

　　五、沟通礼仪 ··· 71

　　六、书报杂志服务礼仪 ·· 72

　　七、物品发送礼仪 ·· 72

　　八、客舱广播礼仪规范 ·· 73

　　九、客舱送餐服务礼仪规范 ··· 74

第四节　旅客异议处理礼仪 ··· 76

　　一、端正态度 ··· 76

　　二、遵循规范 ··· 77

　　三、认真倾听 ··· 77

第五章　地面服务礼仪 ··· 79

第一节　地面服务职业形象 ··· 79

第二节　地面贵宾服务礼仪 ··· 80

一、重要旅客服务 …………………………………………………… 80
　　二、地面机场重要旅客服务礼仪规范 …………………………… 82
第三节　地面值机礼仪 ………………………………………………… 84
　　一、候机楼值机服务礼仪规范 …………………………………… 84
　　二、值机台服务异议处理中的礼仪规范 ………………………… 86
第四节　问询礼仪 ……………………………………………………… 88
　　一、问询服务的分类 ……………………………………………… 88
　　二、问询服务的礼仪规范 ………………………………………… 88

拓 展 篇

第六章　社交礼仪 …………………………………………………… 92

第一节　交往礼仪 ……………………………………………………… 92
　　一、致意礼仪 ……………………………………………………… 92
　　二、握手礼仪 ……………………………………………………… 93
　　三、介绍礼仪 ……………………………………………………… 94
　　四、接待礼仪 ……………………………………………………… 96
　　五、引导礼仪 ……………………………………………………… 97
第二节　宴请礼仪 ……………………………………………………… 99
　　一、茶之礼 ………………………………………………………… 99
　　二、中餐宴会礼仪 ………………………………………………… 104
　　三、西餐宴会礼仪 ………………………………………………… 107
第三节　公共礼仪 ……………………………………………………… 111
　　一、公共礼仪的原则 ……………………………………………… 111
　　二、乘坐交通工具礼仪 …………………………………………… 112
　　三、住宿礼仪 ……………………………………………………… 115
第四节　电话礼仪 ……………………………………………………… 116
　　一、拨打电话的礼仪 ……………………………………………… 116

二、接听电话的礼仪……117

三、手机使用礼仪……118

第七章 商务礼仪……120

第一节 接待礼仪……120

一、商务接待礼仪……120

二、接待工作的方案拟订……122

三、日常办公室接待工作……122

第二节 剪彩礼仪……123

一、剪彩前的准备工作……123

二、剪彩人员……124

三、剪彩的程序……125

四、剪彩的做法……125

第三节 颁奖礼仪……126

一、颁奖仪式的准备工作……126

二、签到流程……127

三、颁奖仪式的程序……127

四、颁奖仪式程序的注意事项……127

五、获奖人的现场礼仪规范……128

六、颁奖人的现场礼仪规范……128

七、礼仪服务人员的站位……128

八、颁奖礼仪服务人员的训练和注意事项……129

第四节 签约礼仪……129

一、签约前的准备工作……130

二、签字时间的确定……131

三、现场表现……132

四、签字仪式的程序……132

第八章 言谈礼仪 ... 134

第一节 语速、语调、语气 ... 134
一、语速 ... 134
二、语调 ... 135
三、语气 ... 137

第二节 礼貌用语的选择 ... 137
一、礼貌的称呼 ... 138
二、礼貌用语的选择 ... 139

第三节 赞美的技巧 ... 142
一、赞美方法和技巧 ... 143
二、赞美的注意事项 ... 145

第四节 说服的技巧 ... 146
一、诚恳礼貌、态度友善 ... 146
二、充满自信 ... 146
三、运用肢体语言 ... 146
四、模仿对方的动作 ... 147
五、反复 ... 147
六、风趣幽默 ... 147
七、人品人格魅力 ... 147
八、攻心为上 ... 147
九、情理兼济 ... 148
十、晓以利害 ... 149
十一、刚柔并济 ... 149
十二、因人制宜 ... 150
十三、名人效应 ... 150
十四、巧用激将法 ... 150
十五、以其人之道，还治其人之身 ... 151
十六、消除防范 ... 151
十七、风险逆转 ... 152

十八、暗示稀缺性 ·················· 152
  十九、归谬法 ·················· 152
 第五节　拒绝的技巧 ·················· 153
  一、拒绝他人的准则 ·················· 153
  二、拒绝他人请求的技巧 ·················· 153

第九章　涉外礼仪 ·················· 156

 第一节　涉外礼仪的原则 ·················· 156
  一、尊重的原则 ·················· 157
  二、求同存异的原则 ·················· 157
  三、女士优先的原则 ·················· 157
  四、尊重他人隐私的原则 ·················· 157
  五、诚信的原则 ·················· 158
  六、不卑不亢的原则 ·················· 158
  七、热情有度的原则 ·················· 158
  八、以右为上的原则 ·················· 158
 第二节　涉外接待 ·················· 159
  一、涉外接待的准备工作 ·················· 159
  二、涉外接待的形象礼仪 ·················· 160
  三、涉外接待的见面礼仪 ·················· 160
  四、涉外接待的迎接礼仪 ·················· 161
  五、涉外接待的会见礼仪 ·················· 161
 第三节　赠答礼品 ·················· 162
  一、礼品的包装与选择 ·················· 162
  二、礼品赠答的注意事项 ·················· 162
  三、收赠礼品的文明态度 ·················· 163

第十章　民航面试礼仪 ·················· 164

 第一节　面试前准备 ·················· 164

一、个人基本资料的准备 …………………………………………… 164
　　二、航空公司专业知识的准备 ……………………………………… 165
　　三、语言沟通面试技巧的准备 ……………………………………… 165
　　四、面试心理准备 …………………………………………………… 166
　第二节　面试形象设计 ………………………………………………… 166
　第三节　面试基本礼仪 ………………………………………………… 169
　　一、面试的行为 ……………………………………………………… 169
　　二、面试中的语言 …………………………………………………… 169
　　三、亲和力 …………………………………………………………… 170
　第四节　面试注意事项 ………………………………………………… 171
　　一、面试基本流程 …………………………………………………… 171
　　二、面试注意事项 …………………………………………………… 171

参考文献 …………………………………………………………………… 174
附录　国内外部分航空公司面试标准及流程 …………………………… 175

职 业 篇

第一章 礼仪的内涵

导读

中国是东方文化的发源地，沉淀了上下五千年的文明历史，有着"礼仪之邦"的美誉。秉承中华民族的礼仪原则，积极弘扬礼仪精神历来是中华传统文化之精髓所在。从我国长期的历史发展实践来看，中华礼仪在推动人类文明进步和国家繁荣昌盛中起到了不可估量的作用。礼仪的使用在很大程度上代表了一个国家的精神文明建设程度，体现了一个国家文明水平的高低。

学习目标

1．了解礼仪的文化基础；
2．掌握礼仪的原则、特征；
3．明确学习礼仪的意义。

第一节 礼仪的含义

礼仪包含"礼"和"仪"两个部分。在中国古代的文化典籍中，有着丰富的与"礼"和"仪"相关的内容与论述，两者既有联系，也有不同。

一、古代的礼仪

（一）古代的"礼"

一是典章制度方面。与"礼"相关的典章制度主要是指国家发布的一些教民之法、朝章国典等，如儒家经典《周礼》中就记载了一些指导国人礼仪规范的制度。除此之外，还有《夏礼》《殷礼》《二十四史》等都有各自的礼乐志，这些内容都有一个统一的名称——礼制。

二是礼节仪式方面。礼节仪式是"礼"在实际生活中的具体体现，人们在进行一些社交时必须遵照相应的礼节仪式，进而确保其具体行为、言语表达等符合一定的规范。如在遇到长辈时，应该在称呼上和态度上表现出足够的尊重，不能使用一些"轻佻"的言语来进行交流。除了这些个人日常行为外，一些大型活动也有着严谨的礼仪规范。如《仪礼》中就记载了古代贵族阶层在进行祭祀、朝觐等正规活动时的典礼形态。

三是道德规范方面。古代的道德规范主要是对读书人进行规范，因为读书人能够接触到《论语》《孟子》等儒家经典，并且在进入仕途后会用一些国家规定来进行约束。各个朝代在道德规范方面都会设定具体的准则，并且会通过一些"礼教"途径来对人们进行"培训"。如《礼记》中就记载着很多与道德规范相关的内容，这些内容可以为人们的行为提供一定的规范标准。

（二）古代的"仪"

"仪"在《说文解字》中解释为："仪，度也。"在早期，指仪式，但后来又进一步解释为法度、准则和典范。"仪"的含义包括：一是指容貌和风度，二是指仪式和程序，三是指准则和法度，四是指典范和表率。因此，可以说"仪"是"礼"的具体和有形的表现形式，是一种具象的表达。而把"礼"和"仪"合用的记载较早可见于《诗经》一书中写道："为豆孔庶，为宾为客。献酬交错，礼仪卒度，笑语卒获。""礼仪既备，钟鼓既戒。"这里所指的"礼仪"，主要是人类的祭祀活动。"仪生于礼而合乎礼，故谓之礼仪。"这是古代对"礼"和"仪"的相互关系的一种简洁的表达方式。

二、现代的礼仪

礼仪是适应社会的需要而产生，并随着社会的发展而发展的。礼仪从上古时期出现，发展到现在经历了几千年历史的浸润和熏染，其含义也在不断地演变。随着现代社会的发展，礼仪已经深入人类的日常生活和社会交往之中，可以引申为个人与个人之间、集体与集体之间，乃至国家与国家之间的相互尊重和友好关系。因此，礼仪是指人们在长期的生活交往中约定俗成的行为规范与准则。礼仪又与礼貌、礼节有着相互的联系——礼仪的核心是礼貌，礼仪的形式是礼节，而礼仪则是两者的规范与准则。

更深层次地理解礼仪的含义，可以从以下三点简要分析。

第一，礼仪是一种行为准则或规范。它类似一种章程，是人们想要从一个地域进入另一个地域所要遵守的章法，只有了解和遵守形成自某一地域的习俗和行为规范，才可以很好地融入其中。

第二，礼仪是一定社会关系中人们共同认可的约定俗成的行为规范。在人们的交往活动中，礼仪首先表现为一些不成文的规矩、习惯，然后才逐渐上升为大家认可的，可以用语言、文字、动作进行准确描述和规定的行为准则，并成为人们有章可循、可以自觉学习和遵守的行为规范。

第三，礼仪是社会交往中人们彼此之间情感互动的过程。社会交往中礼仪的运用离不开情感，同时又是一个彼此情感互动的过程，既有对自身行为的控制，也有对对方行为的反馈，表达的是人们之间的相互尊重，从而达到人与人之间关系的和谐。

在现代社会中，礼仪可以有效地展现施礼者和受礼者的教养、风度与魅力，它体现着一个人对他人和社会的认知水平、尊重程度,是一个人的学识、修养和价值的外在表现。只有处于互相尊重的环境中,人与人之间的和谐关系才能建立并逐步发展。

第二节　礼仪的起源和发展

《礼记·祭法》中写道:"燔柴于泰坛,祭天也;瘗埋于泰折,祭地也;用骍犊。埋少牢于泰昭,祭时也;相近于坎坛,祭寒暑也。王宫,祭日也;夜明,祭月也;幽宗,祭星也;雩宗,祭水旱也;四坎坛,祭四时也。山林、川谷、丘陵,能出云为风雨,见怪物,皆曰神。有天下者,祭百神。诸侯,在其地则祭之,亡其地则不祭。"由此可以看出,祭祀已经成为非物质文化遗产的重要组成部分,是中华民族重要的文化现象之一。

一、礼仪的起源

礼仪伴随着人类历史和文化的产生而同步产生,并在人类历史和文化的发展中同步发展。故此,礼仪同人类发展一样经历了从低级到高级、从局部到整体的演变,也经历着传承和创新的发展。这种演变发展在不同的时期,随着当时的社会条件和背景不同而有着不同的体现。

(一)礼仪起源于祭祀

天地生万物。人属于万物中的一部分,于是人的生活中就有了敬畏天地、祭祀天地、追思祖宗、怀念已故亲人的祭祀活动。古时祭祀活动不是随意进行的,它有着严格的程序和方式,后来发展为祭祀的仪式和制度,于是也就有了礼仪起源于祭祀的观点。郭沫若先生在其《十批判书》中有体现礼仪的起源和发展过程的内容,如"礼之起,起于祀神,其后扩展而为对人,更其后扩展而为吉、凶、军、宾、嘉的各种礼制"。

因为有礼仪的存在,人与动物的区别才会更加明显,也进一步表现出群居社会的稳定性与发展性。人类通过礼仪进行合理组织,尤其对于原始人类,这种组织是完全有必要的,因为当时的环境十分恶劣,不仅要面对食物的短缺与生存条件的影响,而且还要防止猛兽的袭击。后来,人类将礼仪扩展到具体的祭祀活动,通常会通过举行祭祀活动来凝聚人心、宣扬信仰、鼓舞士气等,所以礼仪的出现让更多人类活动变得井然有序,进而形成合力,为社会发展做出更大贡献。

(二)礼仪起源于宗教

远古时期的人类由于社会生产力水平的低下,不管是思想上还是行为上都处于一种蒙昧状态,对于自身的生理病症、心理情感、梦魇等现象无法解释,因而产生了恐惧。为了寻求一种安慰,逐渐有了"灵魂不死"等观念,并通过各种行为活动试图将此观念变为现实,这也就逐步演变成有着宗教色彩的活动,同时包孕着一定的宗教礼仪的萌芽。

许多原始礼仪形式不是以文字或语言来传播的，而是表现为某种原始形态。其实礼仪的产生有多种说法，每种说法都有一些证据来证明，但礼仪究竟是怎样产生的，无论在学术界还是在文化界都没有达成共识。但是礼仪的功能与作用却与人们的生活息息相关。不仅如此，礼仪还与个人修养有着密切联系，如"君子之道"的养成、尊师重道的构建等，一个人如果没有学习礼仪、了解礼仪，则可能会在社交场合失去"风范"，这正如《诗经》所言："人而无礼，胡不遄死。"

（三）礼仪起源于习俗

礼仪起源于风俗习惯。人是不能离开社会和群体的，人与人在长期的交往活动中，渐渐地产生了一些约定俗成的习惯，久而久之，这些习惯成了人与人交际的规范，当这些交往习惯以文字的形式被记录并同时被人们自觉地遵守后，就逐渐成了人们交往固定的礼仪。如早在原始社会，不同部落的人为了表示彼此没有恶意，相见后就会放下右手中的武器，并握手于胸前，以示友好。在人类文明初次形成后，代表着群居生活已经达到了一定的规模，这时群体内部的文明活动就会以礼仪的形式进一步得到明确。

为了使人们更加容易地理解礼仪的出现，我们常用生活中常见的例子来进行解释。如在成长历程中，个人会经历家庭、学校、社会等几个阶段，在家庭中，父母的言行举止会对其造成影响，使其懂得基本的与人相处之道；在进入学校后，教师会通过教学过程向其传授更多的礼仪规范，并且教导其在与他人的交往中学会分享和合作；在进入社会后，尤其是步入工作岗位后，会受到职场礼仪的影响而学会如何与领导、同事等和谐相处。

总之，人的一生都会在礼仪中度过，礼仪的出现是为了让人们找到共同遵守的内容，进而可以规范人们的行为。通过对中国儒家文化的研究，人们更加明白礼仪的重要性，儒家代表人物荀子有言："礼有三本：天地者，生之本也；先祖者，类之本也；君师者，治之本也……故礼，上事天，下事地，尊先祖，而隆君师"，这一言论强调了"礼"的重要性以及基本功能，"天地""先祖""君师"三者皆为"礼"的本源，提示人们要以"尊本"为出发点来实行"礼"。

二、礼仪的发展

礼仪自上古时期产生，在经过多个时期，如旧石器时期、新石器时期的发展，以及在历经各朝各代学者的研究之后，逐渐发展成为复杂而又具备充足控制力的礼仪体系。礼仪发展到今天，已经成为人类文化的重要组成部分，是人类宝贵的精神财富。

礼仪在其传承沿袭的过程中不断发生着变革，从历史发展的角度来看，其演变过程可以分为以下五个阶段。

（一）礼仪的起源时期

这个时期主要指在夏朝以前的原始社会中、晚期（约旧石器时代）出现了早期礼仪的萌芽。其内容包括：制定明确血缘关系的婚嫁礼仪；制定区别部族内部尊卑等级的礼制；

制定祭天敬神的祭典仪式；制定在人们相互交往中表示礼节和恭敬的动作。这就是早期礼仪的萌芽，该阶段的礼仪较为简单和虔诚，还不具有阶级性。

（二）礼仪的形成时期

在夏、商、西周的奴隶社会，统治阶级为了巩固自己的统治地位，便把原始的宗教礼仪发展成符合奴隶社会政治需要的礼制，礼仪被打上了阶级的烙印，成了统治者的"武器"。在这个阶段，中国第一次形成了比较完整的国家礼仪与制度。如"五礼"就是一整套涉及社会生活各方面的礼仪规范和行为标准。古代的礼制典籍创建了一整套具体可操作的礼乐制度，包括饮食、起居、祭祀、丧葬等社会生活的方方面面，都被纳入"礼"的范畴，潜移默化地规范人们的行为，如《周礼》《仪礼》《礼记》合称为"三礼"，是我国较早的礼仪学专著。

（三）礼仪的变革时期

春秋战国时期，中国学术界形成了百家争鸣的局面，以孔子、孟子、荀子为代表的诸子百家对礼教给予了研究和发展，对礼仪的起源、本质和功能进行了系统阐述，第一次在理论上全面而深刻地论述了社会等级秩序划分及其意义。

孔子对礼仪非常重视，把"礼"看成是治国、安邦、平天下的基础。他认为"不学礼，无以立"，要求人们用礼的规范来约束自己的行为，要做到"非礼勿视，非礼勿听，非礼勿言，非礼勿动"，倡导"仁者爱人"，强调人与人之间要有同情心，要相互关心、彼此尊重。孟子把"礼"解释为对尊长和宾客严肃而有礼貌，即"恭敬之心，礼也"，并把"礼"看作是人的善性的发端之一。荀子把"礼"作为人生哲学思想的核心，把"礼"看作是做人的根本目的和最高理想，认为"礼者，人道之极也"。他强调"礼"既是目标、理想，又是行为过程，主张"人无礼则不生，事无礼则不成，国无礼则不宁"。

（四）礼仪的强化时期

秦汉到清末时期，尽管在不同的朝代，礼仪文化具有不同的社会政治、经济、文化特征，但却有一个共同点，就是一直为统治阶级所利用，礼仪是维护封建社会等级秩序的工具。这一时期礼仪的重要特点是尊君抑臣、尊夫抑妇、尊父抑子、尊神抑人。宋朝是形成封建礼仪的又一高峰，形成了"天理论"，礼学迅速向家庭发展，使当时的家礼逐步形成和兴盛起来。

然而在漫长的历史演变过程中，礼仪却逐渐变为妨碍人类个性自由发展、阻挠人类平等交往、禁锢思想自由的精神枷锁。纵观封建社会的礼仪，内容大致有涉及国家政治的礼制和家庭伦理两类。这一时期的礼仪构成了中华传统礼仪的主体。

（五）现代社会礼仪的发展

辛亥革命以后，受西方资产阶级"自由""平等""民主""博爱"等思想的影响，中国的传统礼仪规范、制度受到了强烈冲击，出现了新的礼仪标准。中华人民共和国成立后，逐渐确立起以平等相处、友好往来、相互帮助、团结友爱为主要原则的具有中国特色的新型社会关系和人际关系。礼仪作为一种道德规范，则已融入了社会文化当中。

随着中国与世界的交往日趋频繁，西方一些先进的礼仪、礼节陆续传入我国，同我国的传统礼仪一道融入社会生活的各个方面，使许多礼仪从内容到形式都在不断变革，礼仪的发展进入全新的发展时期。现代社会的礼仪更注重礼仪的思想内涵，是社会文明、公共道德的重要组成部分。遵守礼仪，不仅使人们的社会交往活动变得更加有序，更加有章可循，而且还让人们的社会交往活动变得更加和谐，从而不断推动社会精神文明的发展。

第三节　礼仪的原则

礼仪的基本原则有平等原则、尊重原则、真诚原则、宽容原则。其中，尊重原则是基础，是最重要的。

一、平等原则

平等原则，即要以礼待人，平等待人，不仅自身不能盛气凌人，同时还不能过于谦卑。在当今时代，平等原则是当前礼仪的基础，是现代礼仪区别于传统礼仪的主要原则之一。

二、尊重原则

孟子曰："敬人者，人恒敬之。"在人际交往之中，人和人之间只有相互尊重，相互之间的关系才能更加和谐。尊重原则，具体来说，是指在和他人进行交往的过程之中，要时刻存有敬人之心，在任何时候都不能失敬于人，不能伤害他人的尊严，更不能对他人的人格、尊严等进行侮辱。敬人本质上就是要尊重他人。从下面的案例之中能够深刻地体会到礼仪的尊重原则。

在美国女作家安娜·路易斯·斯特朗的八十寿辰酒会上，周恩来总理运用巧妙的语言回避了安娜·路易斯·斯特朗的真实年龄，讲出的祝酒词充分体现了对女作家的尊重。

周恩来总理讲道："女士们，先生们，今天，我们相聚在一起，我们来做什么呢？我们来共同庆祝著名女作家安娜·路易斯·斯特朗的四十公岁寿辰！"

听到周恩来总理的祝酒词，女作家迈着轻快的脚步，激动地走到周恩来总理的面前，她眼含泪水，声音颤抖地说："总理，您的祝酒词让我感到自己变得年轻了，让我感到自己的思维敏捷了，我还能写文章、写书。谢谢，谢谢！"只见这位女作家握着周恩来总理的手，久久不愿放开。

三、真诚原则

一般来说，想要在人际交往过程中通过礼仪向对方表现出自身的尊重，还需要做到真诚以及热情。因为，真诚和热情的态度会使人感受到被接纳、受尊重和受欢迎。但需要注意的是，热情不能过度，因为过度的热情会使人感受到虚伪或是诚意不足。这一点对于空乘人员在和客人打交道时十分重要，在接待客人的过程中，工作人员的热情需要保持适度原则。

四、宽容原则

宽容原则，即大众在平时的一些交际活动中，不仅要严格地要求自己，还要以宽容的态度来对待他人。具体来说，就是要豁达大度，有一定的气量，不和他人计较。这要求个人具有宽广的胸襟，能够容纳万物的气概和良好的自控能力。

第四节 礼仪的特征

随着礼仪的不断变更，我们对于礼仪的学习和研究也在不断深入，为此需要我们在继承中发展礼仪，在发展中弘扬礼仪，在弘扬中实践礼仪。在礼仪的实践中，我们需要了解和掌握礼仪的特征，以有利于我们更好地传播礼仪文化。

一、传承性

从古代礼仪发展到今天，很多根深蒂固的传统礼仪积淀沿袭下来，使人们在交际活动中的很多行为习惯以准则的形式变为固化行为，进而形成了多种行为规范。这种规范都是在中华民族固有的传统文化的基础上传承和发展起来的，但这种传承又将传统礼仪中保守、烦琐的内容逐渐摒弃，形成了体现现代人类精神文明和适应现代社会发展进步的文明礼仪，从而使得我们能将中华民族的礼仪文化不断传承、完善和发展。

二、差异性

礼仪是一种人们习惯化了的约定俗成的行为习惯和规则。那么我们在具体的礼仪实践中，必定会因为时间、地点、环境、目的等多种因素而受到影响和约束，这指的就是礼仪的差异性。在我国，这种差异性主要体现在不同民族礼仪的差异性上。我们 56 个民族组成了多姿多彩的礼仪文化，体现着不同民族的风俗习惯。比如同样是见面礼仪，不同民族的语言表述和动作表现形式却各有不同。正因为礼仪存在差别性，所以要求人们在社交互动中，尽可能多地熟悉和掌握当地的社交礼仪，熟练地运用当地的礼仪规范来展示自己的风采，使自己在社交场合中保持良好的形象，促进社会交往的成功。

三、自律性

虽然说礼仪是人们习惯化了的约定俗成的行为习惯，没有强制性，但它在很多方面对人们的行为还具有一定的约束性。只不过这种约束性没有法律的制裁，没有他人的监督，主要是依靠人们的自我约束，自觉地运用礼仪规范约束自己的行为举止，这是礼仪自律性的体现。可想而知，在当今社会，如果每个人都能够有很强的自律性和克制力，都能够自觉遵守各种礼仪规范，交往中都能够彼此尊重，那么人与人之间的交往将会顺畅无阻，我们的社会、国家也将会更加美好。

四、规范性

前面讲过礼仪的含义，从中我们可以发现礼仪是一种规范，是人们在日常生活交往中约定俗成的行为规范，这些规范其实也是一种标准，是人们在长期的生活实践中形成的普遍遵循的行为准则。这些行为准则不管是在国内还是在国际交往中都已经成了一种"通用语言"，不断支配或者控制着人们的交往行为。人们大多以此来衡量个人的修养，评判国家的精神文明状况。所以，礼仪的规范性也是其比较重要的特征之一。

五、实操性

礼仪的实操性主要体现在我们日常生活交往中的方方面面。比如，在正式场合男士身着西服时，不同的西服款式，口袋和扣子的设计不同，在交往过程中就有不同的规范。如口袋可以放什么、扣子怎样系更能凸显男士的潇洒和风度等。再如，我们握手时的先后顺序，也是因不同的对象而有不同的规范，如在什么时候能够体现女士优先等。这些规范简明易懂、实用性强，并且切实有效。这些规范经过短时间的实操演练，就可以让我们恰当自如地运用于人际交往中，从而快速提升个人的自身修养（见图1-1）。

图1-1 礼仪示范

我们要充分了解礼仪，自觉践行礼仪，以一种自尊、敬人的态度，在人际交往中塑造自身内外兼修的美好形象。同时，我们还要努力传承和弘扬中华礼仪文化，展示中华礼仪文化的价值和魅力。

第五节　民航服务礼仪的功能

回顾社会的历史发展，我们不难发现，一个朝代的兴盛离不开礼仪文化的发扬光大。礼仪不仅有助于社会的进步和发展，对于民航企业的立足、民航服务人员的行为规范也都起着不可忽视的作用，这也是目前国家十分重视民航服务礼仪文化的原因所在。

一、强化民航服务人员的心理素质

在民航服务人员的工作中，他们需要和世界各地、各种行业以及不同的人群进行接触。因此，在面对不同的旅客时，需要通过不同的礼仪方式来对待。这就要求民航服务人员本身不仅需要掌握各种礼仪方面的知识，还需要能够将这些礼仪知识应用于实践中，与乘客始终保持一种和谐自然的关系，同时保障自身行为和乘客利益的一致性。另外，对于礼仪的学习还能够促使民航服务人员在变化的工作环境之中始终保持一个良好的工作态度。

二、塑造民航服务人员的形体美

在民航服务礼仪标准中，对民航服务人员的姿势有较高的要求，其中主要包括站姿、坐姿以及走姿。长期的姿势训练能够促使他们避免出现驼背、O 型腿等现象，促使民航服务人员的形体能够符合人体美学的标准。

三、提升民航服务人员的职业素养

（一）启迪民航服务人员的情感意识

礼仪能够培养民航服务人员在仪表和仪态等方面的美，使民航服务人员在学习礼仪的过程中，感受美的内涵，充分认识到美本身对于自身职业生涯的促进作用。同时，礼仪还能够强化民航服务人员在审美方面的要求，实现外在美和内在美的统一（见图 1-2）。

（二）锻炼民航服务人员的意志

民航服务人员的工作有着极强的目的性，即为旅客提供更好的服务。民航服务人员在实际工作过程中会遇到各种不同的困难，甚至会遇到危险。而通过学习礼仪，不仅能够促使民航服务人员以真诚、宽容的态度来服务旅客，还能够帮助其在遇到突发事件时，以正确合理的方法去有效应对。

图1-2 乘务员的仪表和仪态美

四、有效促进飞行安全

航空服务人员在服务过程中不但需要细致耐心，注意观察旅客的细微变化，根据自己所学习的专业知识和服务经验的积累，及时为旅客提供有针对性的服务，还需要在服务的每个环节都能够恰当地运用服务礼仪，辅助自身的规范化服务，这样不仅能够很好地满足旅客的需求，有效地减少服务过程中发生的争议，还有利于航空服务人员顺利开展服务工作，维持客舱或者地面服务秩序，从而避免因服务不规范而引起的意外事件的发生，做到防患于未然。比如，民航服务人员在进行客舱安全检查服务中，有乘客因不愿关闭电子设备而产生抵触情绪或不满行为，如果此时能够恰当地运用沟通表达礼仪技巧，就有助于化解冲突，更好地配合乘务员的工作，从而保障飞行安全。

思考与练习

1．问答题
（1）礼仪的特征是什么？
（2）学习礼仪对于民航服务人员的职业素养有什么影响？
2．论述题
简述我国礼仪的历史演变过程。
3．练习题
用绘画的方式表现出礼仪是什么，要求体现其核心意义。

第二章　民航服务概述与发展

导读

民航服务业作为高端服务业，其技术含量高、安全程度高、服务标准高、管理规范性强，并具有国际化等特点，对人才的需求也较其他服务行业标准更高。民航服务人员直接服务于旅客，其礼仪素养、仪表仪态、待人接物不仅代表服务者自身的形象，而且也代表着企业的形象乃至国家的形象。因此，民航服务人员需要具备更强的服务意识、服务技巧和专业水准。

学习目标

1．明确民航服务的本质；
2．掌握民航服务礼仪的基本原则和标准；
3．了解民航业对民航服务人员基本素质的要求，端正服务态度，做好民航服务心理准备、思想准备和行为准备。

第一节　服务的含义及服务的特征

服务是针对顾客的需要来说的，这种需要通常包括在服务技术标准或服务规范中，有时也指顾客的具体需要。此外，顾客的需要还包括在组织内的有关规定中或服务提供过程中。可见，服务的目的就是为了满足顾客的需要。

一、服务的含义

美国市场营销协会（AMA）于 1960 年最先给服务的定义是："用于出售或者是同产品连在一起出售的活动、利益或者满足感。"我国《现代汉语词典》（第 7 版）对服务的解释是："为集体（或别人）的利益或为某种事业而工作。"也有专家将服务定义为："服务就是满足别人期望需求的行动、过程及结果。"

服务的英文"SERVICE"，其中每个字母都有着丰富的含义，代表着对服务人员行为规范的一种要求。

（1）S——Smile（微笑）。其含义是服务人员应该对每一位宾客提供微笑服务，所以微笑服务是高端服务中最基本的要求。例如，民航服务中，登机时迎客、送客的微笑致意等。

（2）E——Excellent（出色）。其含义是服务人员应该对工作中的每一个程序及微小的服务都做得很出色。例如，主动帮助个子矮小的旅客放置行李。

（3）R——Ready（准备）。其含义是服务人员应该随时准备好为宾客服务。

（4）V——Viewing（看待）。其含义是服务人员应将每一位宾客看作需要提供优质服务的贵宾来进行服务。

（5）I——Inviting（邀请）。其含义是服务人员应该在每一次接待服务结束时，主动邀请宾客再次光临，这也是诚意和敬意的具体表现。

（6）C——Creating（创造）。其含义是每个服务人员应该想方设法精心创造出使宾客能够享受其热情服务的氛围。例如，送出迎新年的小礼物、机场"快闪"表演等。

（7）E——Eye（眼光）。其含义是服务人员应该始终以热情友好的目光关注宾客，换位思考，预测宾客需求，及时提供有效的服务，使宾客时刻感受到服务人员的关心。

二、服务的特征

服务作为一种特定的产品，与一般产品相比，具有以下显著的特征。

（一）无形性

服务的无形性，是指服务与有形的实体产品相比，其特质及组成服务的元素是无形无质的，并表现为生产与消费的同步性，即服务的生产和消费大都是同时进行的，服务的生产过程也是服务的消费过程。服务的过程一般只可以感觉而不具有可视性。消费者关注的不仅是有形的物质产品，同时也关注作为产品有机组成部分的服务的无形性。服务质量很大程度上依靠服务人员的表现来实现，无形性是服务最基本的特征，其他特征均为其派生特征。

（二）差异性

服务的差异性，是指服务的构成成分及质量水平常常发生变化，很难完全控制。服务行业是体现"以人为中心"的产业，因此，服务虽然有一定的标准，但也会因人、因时、因事、因地而表现出差异性。如，熟练的服务人员与刚刚上岗的服务人员提供给客人的服务一般有较大差别，同一员工受到表扬和批评后的服务效果也往往不同。

（三）利他性

服务的利他性，是指服务是服务人员与服务企业为满足他人需求的行为，也可以说，是为他人提供有益帮助的活动，而不是满足自身需要的活动。

（四）不可储存性

服务的不可储存性，是指服务不像有形产品可以储存，以备将来出售和消费。服务的无形性，以及生产和消费的不可分离性，使服务不可能像实物产品一样被储存，只能在生产的同时被即时消费。酒店服务和民航服务等都是有形的服务活动和无形的服务活动所构成的集合体。

（五）质量测评的复杂性

实物产品由于具有实体性的特点，可以按照统一的工艺流程进行生产，按照统一的技术标准进行质量测评，而服务的无形性以及不可储存性决定了服务产品的质量评测是较为复杂的，服务企业很难通过标准化管理或量化来保证服务产品的质量。

第二节　民航服务及原则

民航服务的首要任务是安全，其个性化特征明显，服务的时间和空间有限，因此，对民航服务人员的素质要求极高。

一、民航服务概述

民航服务是指由民航企业提供的，以满足旅客需要为目的的，实现旅客与民航企业双赢的活动过程，一般包括民航地面服务和民航空中服务两个部分。

民航服务具有以下特性。

1. 安全性

安全性是指旅客的生命、财产安全首先要得到保障。由于民航作为一种特殊的运输行业，对其安全的要求更加严格。同时，民航业技术含量高、工作环节复杂，因而安全性在民航服务中处于首要地位。

2. 时间性

时间性是指在服务的时间上满足旅客的需求。有统计数据显示，国内旅客投诉中超过八成来自于航班延误，绝大多数乘客选择乘坐飞机出行是因为飞机省时，但飞行受天气等多种因素影响，延误势必会影响旅客对民航飞行快捷的期望和体验，飞机延误时对民航服务的要求也随之更高。

3. 经济性

经济性是指旅客对机票票价的合理性要求，过高的票价会影响到服务的经济性。民航往往在一定的机票价格前提下为旅客提供核心服务，同时包括提供充分的便利性和支持性服务。便利性服务具有重要作用，如果缺少就会影响核心服务的顺利开展。例如，民航的售票、自助值机、行李托运、餐饮服务等都属于便利性服务。此外，民航旅客运输中还会提供一些辅助服务，如里程积累、机上拍卖等，这些服务属于支持性服务。还有一些服务可以同时归到这两类，例如飞行途中的客舱餐饮服务，如果出现在短途航行中就是支持性服务，如果出现在长途航行中就是便利性服务。

4. 舒适性

舒适性是指旅客对民航飞行的感觉，其中既包括硬件层面的因素，例如座位舒适度、餐饮可口程度等，同时还包括软件因素，例如服务是否周到、航班正点与否等。近年来，随着旅客对服务质量的要求越来越高，不断提高服务质量成为民航企业一直努力的一个方向。

5. 功能性

功能性是旅客选择民航出行的最本质目的，这也是民航企业所有服务的终极实现目标。功能性的实现需要核心服务、便利性服务、支持性服务三方面系统实现，缺一不可，这也是民航服务系统化的具体体现。

二、民航服务的基本原则

（一）3A 原则

3A 原则是美国学者布吉林教授等人提出来的。它的基本含义是指在人际交往中要成为受欢迎的人，最重要的是向交往对象表达善意、尊重、友善，不能只见到物而忘掉人。《礼记》的开篇说到"毋不敬"，所以"礼者，敬人也"，礼仪就是基于尊重的规范，其基本要求就是尊重。布吉林教授等人认为，人与人之间要恰到好处地表达对别人的友善才能被接纳、容忍和接受，不然就会影响交往的效果。3A 原则就是讲对交往对象尊重的三大途径，即 Accept（接受对方）、Appreciate（重视对方）、Admire（赞美对方）。

1. A——Accept（接受对方）

要严于律己、宽以待人，接受别人是最重要的。

在人际交往中，最不受欢迎的人是为人比较刻薄的人，另外那些自以为是、嚣张放肆、目中无人的人也不受人欢迎。

例如，在交谈时有"三不准"，不要打断别人，不要轻易补充对方，不要随意更正对方，因为事物的答案有时不止一个。只要不是原则性的问题，就可以接受对方。

接受的三个要点具体如下。

（1）接受服务对象。接受服务对象实际上就是民航服务人员的服务态度是否端正的问题。例如，商家不能拒绝顾客，空乘人员不能拒绝旅客。牢固树立"旅客至上"的服务理念，就应当认可对方、接纳对方、包容对方，进而提升服务质量，如恰当的礼貌用语、善用尊称、得体的肢体语言和表情等，在服务中传递出亲切、温暖和友善的信息。

（2）接受服务对象的风俗习惯。习俗是长期的文化习惯，很难说谁对谁错。少见多怪的人往往不容人，见多识广的人则比较宽容待人。

（3）接受服务对象的交际礼仪。例如，牧区的人问候时总爱说："牲口好吗？"其实它同"生意好吗?""收成好吗?"是一个意思,而没有把你的家人当牲口的意思。又如,沈阳人同朋友谈论自己父母时喜欢用"咱爸咱妈"这样的称呼,其实和"我爸我妈"是一样的,并无轻薄对方之意。因此,民航服务人员要了解跨文化交际的常识。

2. A——Appreciate(重视对方)

要让对方感觉自己受到重视,不要使对方觉得受冷落。例如,有些人专爱找缺点、挑毛病来满足自己的虚荣心,言下之意就是看这点我就比你强!搞得谈话不愉快,这是最不明智的做法。民航服务人员要发自内心地表达对旅客的重视,就要认真对待和主动关心旅客。例如,服务中牢记旅客姓名、倾听旅客要求并及时有效地满足旅客需求。

3. A——Admire(赞美对方)

赞美对方是指对交往对象应该给予的一种赞美和肯定。赞美对方也有技巧:一是实事求是,不能太夸张;二是适合于对方,要夸到点子上。例如,你对一个胖子夸他如何苗条,就等于拿人家"开涮"。又如,夸孩子时一般都挑孩子学习上的优点来夸奖。

赞美服务实质上是民航服务人员对旅客接受与重视的具体表现。我们每个人都希望自己获得别人的欣赏和肯定,而且这种赞赏越多越好。获得他人的赞美是对自己最大的欣赏和肯定,其价值一般是任何物质都无法替代的。民航服务人员在服务过程中要善于发现旅客所长,并及时诚恳地表示出欣赏、肯定、称赞。赞美对方能够最大可能地争取旅客的合作,能够让民航服务人员与旅客和睦友好地相处。

(二)服务有度原则

"服务有度"是民航服务的一项基本守则,要求服务人员与旅客进行接触时,既要有热情友善之意,又要把握好分寸,做到"服务有度",应铭记服务的一切所作所为均应以不影响对方、不妨碍对方、不给对方造成困扰、不令对方感觉不快、不损害对方的尊严为限,努力为旅客营造一个宽松、舒畅、安全、自由、随意的环境。若把握不好这个限度,就可能使自己不当的服务造成"越位",导致事与愿违。例如,为残疾旅客进行服务时,一定要事前征求对方的意见,待征得对方同意后方可实施。

三、民航服务意识与民航服务礼仪

(一)民航服务意识

1. 民航服务意识的含义

意识是人类所固有的一种特性,它是人的大脑对于客观世界的一种反映,是感觉、思维等心理活动的综合。意识是通过感觉再经过思维而形成的。民航服务意识是指民航服务人员有时刻为旅客提供各种服务的、积极的思想意识。它是通过对服务感觉、认识、思维而形成的,与组织精神、职业道德、价值观念和文化修养等紧密相关,是热爱本职工作的具体表现。对于民航企业来说,服务意识关系到服务水准、服务质量,民航服务人员只有在良好的服务观念、服务意识的指导下,才能更加端正服务态度,提高工作兴趣,保持工作热情，为旅客提供更加全面、更加优质的服务。

2. 民航服务意识的核心

民航服务意识的核心是服务光荣。随着现代服务行业的不断扩展，社会分工的多样化促进了行业、工种和岗位的产生，并共同支撑着社会机体的运行。社会就像一个服务网络，每位成员都是其中的一个节点，离开了服务，社会将无法运转。有一位服务专家曾说过："如果一个员工是害怕被顾客投诉，或者是害怕领导追查，再或者是为了获得更高的薪水和升职，甚至是为了保质保量地完成工作任务，从而获得优秀的工作业绩，以期得到领导的赏识，这些称不上是真正的服务，更谈不上是良好的服务意识！"

3. 民航服务意识的要求

（1）明确角色。民航服务人员与旅客之间是服务与被服务的关系，是服务产品的提供者与消费者的关系。尽管双方在人格上是平等的，但由于所承担的社会角色不同，在服务岗位上也自然不同。在服务过程中唯唯诺诺或咄咄逼人都是对角色定位不准确的表现。例如，空乘人员在客舱服务中面对旅客的指责，以大声斥责以还之，或谦卑过头一味道歉，都是不可取的。民航服务人员应该正确认识自身价值，自尊自重、不卑不亢、有礼有节，这样更能赢得旅客的尊重。

（2）关注细节。俗话说"细节决定成败"，服务人员要想满足不同服务对象的需要，必须从细节做起。对于许多服务岗位来说，工作具有很强的重复性，服务人员不仅要认真细致，更要保持热情周到，使宾客时刻感受到这种接待服务是一种美好的经历和享受。例如，许多个性化服务就是强调关注细节。在民航服务中，为客舱休息的旅客提供毛毯，为大汗淋漓的旅客递上热毛巾，都会感动旅客，无形中培养起终身客户。

（3）善解人意。服务是一门艺术，民航服务人员应该主动观察和总结每一位旅客的不同服务需求，在向旅客提供服务时，综合考虑对方的身份地位、消费能力、个人修养等，并根据不同情况提供有针对性的个性化服务。例如，南航空乘人员会根据不同的乘客推销飞机上的特供品，对公务出访的乘客，重点观察其喜好，对家庭出行的乘客，注意简单实用，对情侣同行的乘客，考虑浪漫精致等。

民航服务人员还应懂得换位思考，即站在旅客需求的角度，把自己假设为旅客进行思考和服务。例如，老年人吃药时一般要喝热水，小朋友喜欢喝苹果汁等。

（4）一视同仁。民航业作为服务行业，要求民航服务人员对所有的旅客不分性别、国籍、民族、肤色、衣着、宗教信仰、文化水平高低、经济状况等，都应当一视同仁，热情服务。遵循价值规律，旅客付出等值货币，民航服务人员就应该提供热情、细致、周到的服务。这种服务正是和旅客互相平等的必要条件，如果民航服务人员怠慢了旅客，旅客就会失去心理平衡。

旅客的情绪可能会受到周围人或环境的影响，但无论旅客是和颜悦色、笑容可掬，还是情绪沮丧、唉声叹气，甚至蛮不讲理、咆哮指责，民航服务人员都应该提供相同质量的服务，不可以厚此薄彼、区别对待。此外，民航服务人员也不应把自己在家庭、生活和员工之间的喜怒哀乐带到工作中，以免影响旅客的情绪，要力争做到对昨天、今天、明天，这一位、那一位、下一位，都可以提供同样优质的服务（见插页图2-1）。

(二) 民航服务礼仪

1. 民航服务礼仪的含义

民航服务礼仪是指为了能够保证旅客安全、满足旅客需要以及为旅客提供完美服务，民航企业和民航服务人员在服务过程中所依据民航服务规范和要求，以及能够运用的专业技术能力和工作艺术。它主要指服务人员在工作中，通过言谈、举止、行为等，对客户表示尊重和友好的行为规范和习惯。服务礼仪是体现服务的具体过程和手段，使无形的服务有形化、规范化、系统化。因此，在民航服务的各个环节中，从旅客订票到迎接旅客登机、与旅客沟通、飞行中在客舱内为旅客提供餐饮、为特殊旅客提供服务、托运行李等，都有具体的行为规范。

2. 民航服务礼仪的特征

民航服务礼仪是礼仪在民航服务过程中的具体运用，是民航服务人员应具备的基本素质和所在工作岗位应当严格遵守的行为规范。同礼仪的其他门类相比，民航服务礼仪具有规范性、操作性、单向性等特征。

（1）规范性。民航服务礼仪的规范性主要体现在岗位规范方面，其基本内容包括仪容规范、仪态规范、仪表规范和语言规范，即民航服务人员的仪容仪表、待人接物、礼貌用语等，都是与其具体服务岗位的工作特点紧密结合的。所谓规范就是人们常说的规矩，"没有规矩，不成方圆。"民航服务礼仪的规范性要求民航服务人员站有站相，坐有坐相（见图2-2）。

服务礼仪典型的岗位规范有："待客三声"——来有迎声、问有答声、去有送声；"四个不讲"——不讲不尊重对方的语言、不讲不友好的语言、不讲不客气的语言、不讲不耐烦的语言。"三声四不"是基于旅客高兴而来、满意而归，全体服务人员针对这一目标在其工作岗位上必须做到的基本要求，也是树立企业良好形象的基本要求。

（2）操作性。服务礼仪的可操作性在服务人员的工作岗位上表现得非常具体，是一条条可以操作的细则。例如，一般空乘人员在客舱门口遇到登机的旅客时，应微笑相迎，行致意或鞠躬礼，同时问候"您好！"。这些具体动作的完成，是民航企业对空乘人员在岗位中的语言、表情、动作等的具体要求，也是空乘人员必须执行的（见图2-3）。

（3）单向性。服务关系的特殊性决定了服务礼仪具有其他礼仪所没有的单向性。从内容上讲，服务是服务生产者满足服务消费者需求的行为，消费者向服务人员提出要求，服务人员则根据消费者的需求提供服务。在服务关系中，服务人员作为需求的满足方有义务最大限度地满足顾客的各种需求，却不能同时要求顾客满足自己的需求。例如，民航企业要求民航服务人员微笑服务，但不能要求旅客对民航服务人员也保持微笑；同理，对于坏脾气或大声喧哗的旅客，民航服务人员不可以大声斥责以还之。

3. 民航服务礼仪的作用

安全、快捷、舒适是民航旅客运输的最大优点，民航服务业的快速发展使得民航服务市场的竞争日益激烈。任何一个民航服务企业在这样的环境中要想生存和发展，都需要以良好的服务质量做保证，而提升民航服务人员的职业素养和职业能力是提升服务质量的前提和保障。规范的服务礼仪，可以使民航服务人员明晰服务过程中的行为规范，以周到、热情、主动的服务标准为旅客提供全方位、高质量的服务。因此，学习和践行服务礼仪既是服务行业自身发展的需要，也可以更好地满足消费者的需求。

图2-2　规范的客舱内迎客仪态　　　　图2-3　微笑迎客登机

加强民航服务礼仪修养的意义主要体现在以下几个方面。

（1）提升个人素质。民航服务礼仪作为民航服务人员的角色行为，在服务过程中，为使自身行为符合服务对象的要求提供保障的同时，其敬人律己的行为在无形中也将提升个人素质。民航服务礼仪通过深入剖析服务关系的性质，来准确确定民航服务人员的角色，使民航服务人员真正明白民航服务的内涵和意义，并在此基础上建立良好的服务意识，并具备可依据的服务原则以从容应对各种复杂服务情境的能力，从而形成优良的民航服务人员所应具备的个人素质。

（2）塑造企业形象。良好的民航企业形象是吸引消费者、扩大市场份额的有效保障。塑造并维护良好的企业形象是为了更好地服务消费者，而良好的民航服务礼仪是民航企业树立良好企业形象的有效手段。人们对一个民航企业的认识，首先是从该企业为服务对象提供的服务开始的，因此良好的服务礼仪可以塑造、完善一个民航企业、一个地区乃至一个国家的整体形象。

（3）有助人际沟通。民航服务礼仪在为服务过程中的每一个情境和细节做出了具体的行为要求，以保证民航服务人员顺利地选择合适的行为与旅客进行自觉沟通，避免出现因采用不正确的表达方式，使旅客误认为失礼甚至是错误表达的情况。民航服务礼仪一般简单易行，它能使双方沟通顺畅，进而使得服务工作相对轻松和简单，也会使旅客更容易获得因为被充分尊重而产生的优越感。

（4）提高服务质量。民航服务质量通常泛指民航服务人员服务工作的好坏与服务水平的高低。服务质量主要由情感性服务（服务态度）与机能性服务（服务技能）两大要素构成。情感性服务是服务人员对服务对象的行为的总和，包括动作、表情和谈话等，其质量具有很大的主观性和不确定性。在一般情况下，消费者对情感服务的重视程度往往高于对机能性服务的期待。提高情感性服务的质量是提高服务水平和服务质量的关键，而情感性服务质量的水平又取决于服务人员的服务意识和礼仪修养。

（5）扩大市场竞争力。随着市场经济的发展、科学技术的不断进步和全球化经济的进程加快，民航企业的产品越来越满足不了消费者的需求，由于产品很难长期保持技术领先，市场已经从卖方市场转为买方市场，这使得民航企业的竞争不再是有形产品的竞争，而更多的是无形服务的竞争。民航服务礼仪不但能够对服务人员的工作进行行为指导，使服务交往容易进行，而且还能够帮助服务人员养成良好的服务意识，建立服务规范，提升服务质量，从而赢得服务对象的认可，有效扩大市场竞争力。

（6）增强社会效益和经济效益。消费者在购买产品时，不仅希望获得优质的有形产品，也希望获得满意的无形服务，这使得民航企业之间的技术竞争、价格竞争空间越来越小，而服务竞争则日趋显著。民航企业已经意识到良好的服务可以给企业带来可观的经济效益，而服务礼仪的意义也绝对不只局限于经济层面，而是已渗透到社会生活的各个层面。社会文明的不断进步，呼唤服务礼仪的不断完善，因此，服务礼仪可以给民航企业带来更多的经济效益，使世界更美好、社会更和谐。

 知识链接

"15秒钟理论"

北欧航空公司前CEO卡尔松于1986年出版了他的著作《关键时刻·MOT》，其中提出了著名的"15秒钟理论"。2005年，北欧航空公司共运载旅客1000万人，平均每人接触5名员工，每次15秒钟。即统计中的1000万名旅客每人每年都会对北欧航空公司"产生"5次印象，每次15秒钟，全年共计5000万次。这5000万次"关键时刻"便决定了公司的未来成败。因此卡尔松认为，必须把握这5000万次的"关键时刻"向旅客证明：搭乘我们的班机是最好的选择。

卡尔松在文中说到："在北欧航空公司，我们曾认为飞机、维修基地、办公室和办事流程就是公司的全部。但如果询问旅客对北欧航空公司有什么印象，他们不会说飞机怎样，我们的办公室怎样，或者我们如何筹措资金。相反，他们谈论最多的是有关的员工。北欧航空公司不仅是一堆有形资产的集合，更重要的还在于旅客与直接服务的一线员工之间进行怎样的接触。而只有对服务满意的旅客，才是公司唯一有价值的资产。"

凭借"15秒钟理论"，在卡尔松执政北欧航空公司6年之后，公司成功转型为以顾客为导向，并通过一线服务重塑企业形象，最终扭亏为盈。

第三节　民航服务中的心理学效应

在现代社会，服务日渐成为指导人们各项活动的理念之一，服务意识的内涵早已超出"微笑服务"的范畴。每位旅客生活的环境不同，其个人气质、行为习惯、性格素养的差异均会在乘机时表现出来。因此，民航服务人员要研究这些行为差异，了解旅客的消费心理，并以不同的方式服务不同的旅客，真正能够站在服务对象立场着想，这才是优秀的员工。

一、首轮效应

首轮效应又叫作首因效应、第一印象效应，其理论可以称作"第一印象决定论"。心理学家研究发现，人们的第一印象形成是非常短暂的，有人认为仅 2 秒钟，有人认为 40 秒钟以内。也就是说，仅几秒钟人们对交往对象就有了初步印象，并可能会决定一个人的命运，因为在现代化社会中，工作节奏和生活节奏都非常快，很少有人会愿意花费更多的时间去深入了解、旁观佐证一个第一印象不好的人。无论第一印象是否属实，大部分人都依赖第一印象的信息，而这个第一印象的形成对是否有继续交往的机会起着决定性作用。毫不夸张地说，第一印象就是效率，就是经济效益，它比第二次、第三次印象及日后的进一步了解更加重要。

民航服务人员应当充分认识到树立良好第一印象的重要性。无论是个人形象，还是企业形象，都是为旅客提供服务的有机组成部分，都会成为或积极或消极的第一印象的重要形成因素。因此，塑造和展示良好的第一印象非常重要。

知识链接

"人的印象形成分配"

美国心理学家奥伯特·麦拉比安发现人的印象形成是这样分配的：55%取决于你的外表，包括服装、个人面貌、体形、发色等；38%是如何自我表现，包括你的语气、语调、手势、站姿、动作、坐姿等；只有 7%才是你所讲的真正内容。由此可见，形体、仪态、举止礼仪在人的印象中占据绝对重要的位置，如图 2-4 所示。

民航服务人员在服务过程中如何塑造良好的第一印象呢？可以重点关注以下两个方面：一是主观塑造，即从仪表服饰、面部表情、身势语言、口语表达等方面塑造良好的风格、风度、风范；二是客观塑造，即从视觉感受、心理体验、信息传播、人际网络等方面完善修为、修养以赢得旅客的认可。

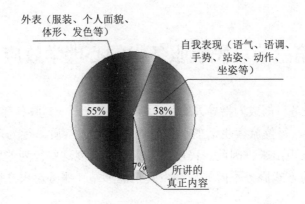

图2-4 人的印象形成分配

二、亲和效应

亲和效应是指人们在人际交往中，往往会因为彼此之间存在着某种共同之处或者相似之处，从而感到相互之间更加容易接近。这种效应会使双方萌生亲密感，进而促使双方进一步相互接近、相互体谅。

在人与人的交往和认知过程中，人们的心理定势大体上可以分为肯定与否定两种形式，肯定式的心理定势，主要表现为对于交往对象产生好感和积极意义上的评价；否定式的心理定势，则主要表现为对于交往对象产生反感和消极意义上的评价。人们在人际交往中，往往存在一种倾向，即对自己较为亲近的对象会更加乐于接近。我们通常把这些较为亲近的对象称为"自己人"。

所谓"自己人"，大体上是指那些与自己存在着某些共同之处的人。这种共同之处，可以是血缘、姻缘、地缘、学缘、业缘关系，可以是志向、兴趣、爱好、利益，也可以是彼此共处于同一团体或同一组织。一个人如果想要让身边的同事、朋友把自己当成"自己人"，除了无法改变的血缘关系之外，就是要懂得与他人的相处之道。想要主动让别人对自己产生好感，认同并喜欢自己，就需要拿出"亲和力"，只有这样的人才会把周围的人吸引到自己身边来，才会让别人认同自己并当成"自己人"。

在"自己人"之间的交往中，对交往对象属于"自己人"的这一认识本身会让人们形成肯定式的心理定势，从而对对方表现得更为亲近和友好，并且在此特定的情境中，更加容易发现和确认对方值得自己肯定和引起自己好感的事实。

在这一心理定势作用下，"自己人"之间的相互交往与认知必然在其深度、广度、动机、效果上，都会超过"非自己人"之间的交往与认知。可见，人们在与"自己人"的交往中，肯定式的心理定势发挥着一定的作用。

"亲和"是民航服务人员打开旅客心灵大门的有效通行证。所以，在服务中不应该放过任何一个展现自己亲和力的方法。

（1）注意微笑。美好的东西要和别人分享才会更有价值，微笑也一样。不要总是将微笑埋藏在心底，轻提嘴角，让别人看到你美丽的笑容，感受到你内心那颗温暖和煦的"小太阳",同时也能给自己一份幸福的感觉。当你用微笑换来对方的会心一笑时,你其实就是在用微笑换来"双赢"。因为,微笑能够化解对方的不信任,能够迅速拉近民航服务人员与旅客之间的距离。而且微笑还是自信的表现,只有自信的人才会经常在脸上浮现着笑容。此外,微笑还是一个人素质的反映,微笑使人看起来有礼貌,体现了对人的尊重。总之,无论从哪个方面来看,微笑都是一个非常好的习惯。

(2)亲切地与人打招呼。对于陌生人来说,建立和谐人际关系的一个有效方法就是要注重礼貌礼仪,例如,恰当而准确的称呼、积极而温暖的握手等。戴安娜王妃伸出美丽又充满情感的右手,让全世界都感受到了她的亲和与慈爱。在人际交往中千万不要忽视了手势的重要性:轻柔的挥手、鼓励的握拳、温柔的抚摸……看似简单的手部肌肉拉伸的几个动作,却足以让他人感受到你的亲和力。

(3)有眼神的交流。眼睛是心灵的窗户,是民航服务中表达感情最好的工具,而眼神更像是窗外吹来的一阵风,游离的、漫不经心的眼神,就像是一阵凉风,让人心生寒意;严厉的眼神,则像是一股刺骨的冷风,让人避而远之;而温和的眼神,就如和煦轻柔的春风一般,让人感到温暖、亲切又舒适。此外,低着头,反映出缺乏自信;而眼睛乱瞟,则反映出过于随便。因此,民航服务人员一定要常用温和的眼神与旅客交流。

在民航旅客运输过程中,服务无处不在,无论是微笑、礼仪,还是眼神交流,其目的都是建立起"亲和效应",而想要快速与陌生人建立起"亲和效应",并不是一朝一夕的事,应待人如己,即想问题、办事情时要设身处地进行换位思考,要真心实意不图回报。事实上,发自内心的真情服务是难以计价的,不可用金钱来衡量,否则,它便失去了自身的价值。

三、晕轮效应

晕轮效应,就是指在人际交往中,人身上表现出的某一方面的特征掩盖了其他特征,从而造成人际认知的障碍。在日常生活中,晕轮效应往往在悄悄地影响着我们对别人的认知和评价。这种强烈知觉的品质或特点,就像月亮的光环一样,向周围弥漫、扩散,从而掩盖了其他品质或特点,所以也被形象地称之为光环效应。光环效应(Halo Effect)又称晕轮效应、成见效应、光圈效应、日晕效应、以点概面效应,它是一种影响人际知觉的因素,指在人际知觉中所形成的以点概面或以偏概全的主观印象。

具体地讲,一个人的某种品质或一个物品的某种特性给人以非常好的印象。在这种印象的影响下,人们对这个人的其他品质或这个物品的其他特性也会给予较好的评价。与晕轮效应相反的是恶魔效应,即对人的某一品质或对物品的某一特性有坏的印象,会使人们对这个人的其他品质或这一物品的其他特性的评价偏低。

名人效应是一种典型的晕轮效应。例如,拍广告片的多数是那些有名的歌星、影星,而很少见到那些名不见经传的小人物出镜。因为明星推出的商品更容易得到大众的认同。再如,一个作家一旦出名,以前"压在箱子底"的稿件可能全部可以发表,所有著作都不愁销售,这都是晕轮效应的作用。

民航服务中，晕轮效应会对服务中的人际关系产生积极效应。比如，你对旅客诚恳，那么即便你的业务能力较差，旅客对你也会非常信任，因为对方只看见你的诚恳。因此，民航服务人员应牢固树立"旅客至上"的服务意识，掌握并灵活运用服务礼仪，注重"第一印象"等核心要素的体现，避免形成不良的晕轮效应。

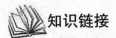

晕轮效应

晕轮效应最早由美国著名心理学家爱德华·桑戴克于20世纪20年代提出。

他认为，人们对他人的认知和判断往往只从局部出发，经扩散而得出整体印象，即常常以偏概全，一个人如果被标明是好人，他就会被一种积极肯定的光环笼罩，并被赋予一切优良的品质；如果一个人被标明是坏人，他就被一种消极否定的光环所笼罩，并被认为具有各种恶劣品质。这就好像刮风天气前夜，月亮周围所出现的圆环即月晕（见图2-5），其实圆环不过是月亮光的扩大化而已。据此，桑戴克为这一心理现象起了一个恰如其分的名称——晕轮效应，也称光环作用。

心理学家戴恩做过一个这样的实验：他让被试者看一些照片，照片上的人有的很有魅力、有的无魅力、有的中等。然后让被试者在与魅力无关的特点方面评定这些人。结果表明，被试者对有魅力的人比对无魅力的人赋予更多理想的人格特征，如和蔼、沉着、好交际等。晕轮效应不但常表现在以貌取人上，而且还常表现在以服装判定地位、性格，以初次言谈判定人的才能与品德等方面。在对不太熟悉的人进行评价时，这种效应体现得尤其明显。

图2-5 月晕

美国心理学家凯利，以麻省理工学院的两个班级的学生分别做了一个实验。上课之前，实验者向学生宣布，临时请一位研究生来代课，接着告知学生有关这位研究生的一些情况。其中，向一个班的学生介绍这位研究生具有热情、勤奋、务实、果断等品质，向另一个班的学生的介绍信息除将"热情"换成了"冷漠"之外，其余各项都相同，而学生们并不知情。两种介绍导致的结果是：下课之后，前一个班的学生与研究生一见如故，亲密攀谈；另一个班的学生对他却敬而远之，冷淡回避。可见，仅介绍中的一词之别，竟会影响到整体的印象。学生们戴着这种有色眼镜去观察代课者，而这位研究生就被罩上了不同色彩的晕轮。

四、末轮效应

末轮效应是相对于首轮效应而言的。在民航服务中指的是民航服务人员和民航企业给旅客留下的最后印象，强调在塑造集体或个人的整体形象时，必须有始有终、始终如一，以确保服务结尾的完美和完善，即要"功德圆满"。

民航服务中，服务人员与旅客相互认知与彼此交往的过程中，第一印象至关重要，但最后印象也同样发挥着关键作用。首轮效应理论和末轮效应理论并不是对立的，它们是一个服务过程的两个不同环节，二者同等重要。末轮效应的主要内容是：在人际交往中，人们所留给交往对象的最后的印象，通常也是非常重要的。在许多情况下，它往往是民航企业及员工所留给旅客的整体印象的重要组成部分。有时，它甚至直接决定着该企业及员工的整体形象是否完美，以及完美的整体形象能否继续得以维持。

思考与练习

1．问答题
（1）民航服务的基本原则是什么？
（2）民航服务礼仪的作用有哪些？
2．论述题
简述民航客舱服务过程中民航服务礼仪心理学效应的具体体现。
3．实训题
制订一份提升个人礼仪修养的计划书。

第三章　民航服务人员职业礼仪基本规范

 导读

随着人们对民航服务质量的要求越来越高，民航服务人员的职业礼仪规范在服务过程中的体现也越来越重要。本章的民航服务人员职业礼仪基本规范主要从仪容、仪表、仪态等几个方面进行讲解。

 学习目标

1. 了解民航服务人员仪容修饰的原则和要求；
2. 掌握民航服务人员发型修饰；
3. 掌握民航服务人员妆容及形体塑造。

第一节　规范民航服务人员职业礼仪的意义

中共中央国务院于 2017 年 9 月 5 日印发的《关于开展质量提升行动的指导意见》中明确指出，要推动各行各业开展服务质量提升行动，推动我国"质量强国战略"的有效部署。中国民用航空局 2018 年 2 月 24 日颁布的《关于进一步提升民航服务质量的指导意见》民航发〔2018〕24 号中明确表示，强化民航业树立"以人为本"的服务理念，着力提升民航服务人员的旅客满意度工作。民航业作为现代服务行业的其中一种，必须深入贯彻实施关于民航业发展的战略部署，推动民航业着力提升服务质量，不断满足实现人民群众美好生活的要求。

规范民航服务人员的职业礼仪具有重大意义，主要体现在以下几方面。

一、增强民航服务人员的服务意识

民用航空服务人员的服务意识，主要是指民航企业的全体员工在与企业有直接利益相关关系的人的交往过程中体现出来的为他人提供主动周到服务的意识和自觉性。这种服务

意识主要来自于民航服务人员的真实内心。加强对民航服务人员的礼仪规范和培训，可以进一步增强民航服务人员"以人为本"的服务理念，使民航服务人员在以下方面能得到积极的改进。

（1）积极做好日常的客舱服务管理工作。进行一切服务的目的都是为了让旅客满意，努力解决旅客的实际生活问题，信守承诺并用心服务，为周边的旅客带来欢乐。

（2）始终遵循"客人优先"的基本原则。一切服务都应该以旅客为中心，以旅客的满意程度为基本立足点和出发点，在服务的言谈举止方面也要始终坚持旅客为先的原则，充分了解旅客的想法，在遇到大风天气或者旅客由于自身的身体和情绪状况而做出出格的举止行为时，民航服务人员应该以更优质的服务去感化旅客。在服务过程中可能会遇到由于文化背景差异而引发不必要的误会或者引发各种意见的情况，民航服务人员应该给旅客一个满意的回应和答复。

二、促进民航公司高质量服务的发展

建设民航强国是我国民航业发展的主要目标，这需要民航服务人员通过不断规范自身的服务礼仪，以此为广大的旅客提供高质量的服务。促进民航业的高质量服务主要以民航业提出的"民航强国"战略为建设指引，在民航战略强国的推进过程中会出现一系列的问题和矛盾，从这些矛盾和问题出发，制定科学的民航服务业发展方案将对目标的实现起到推进作用。民航业的服务礼仪集中体现在民航服务人员爱岗敬业的工作态度、规范的行为准则和文明的言谈举止等各个方面，当今时代的人民群众对美好生活的日益需求正在不断增长，良好的礼仪服务有利于解决民航业发展过程中出现的发展不充分和不平衡的问题，从而促进民航公司深入贯彻落实高质量服务的目标。

三、促进民航公司企业文化的发展和健全

众所周知，民航服务人员礼仪规范的基本内容是：大方得体的谈吐、甜美的微笑、优雅端庄的举止和整洁的外在形象。在飞机飞行的过程中，民航服务人员通过将这些基本的礼仪展现在广大旅客面前，可以向旅客传达他们的专业服务理念和专业素养，民航服务人员的礼仪规范实质上是一种基本的行为准则规范。民航服务人员在客舱服务的各个环节，如迎接旅客登机、供餐、送饮料等环节所提供的服务，可以使广大旅客在整个旅途过程中获得心理上的归属感，能够让其尽情地享受整个旅程，这也正是民航服务礼仪规范的魅力所在。

整个民航服务礼仪中渗透的"以人为本"的服务理念是民航公司企业文化的重要组成部分，航空公司企业文化理念是促进企业不断提高服务质量和长远发展的重要指标之一。因此在今后的服务和管理过程中，民航服务人员应将公司特有的企业文化进行继承、弘扬和发展创新，以增强整个民航服务的自觉性和自主性，促进民航公司企业文化的持续发展和不断健全。

四、促进民航业发展中经济效益的提升

民航服务人员用良好的姿态、热情的工作态度、适宜的微笑和尊敬的言辞高标准、高质量地体现自身的行为规范,这会让旅客感受到民航服务人员对他们的尊重,他们也会对民航服务人员良好的礼仪态度充满怀念,这将极大激发他们下一次出行时乘坐此次航班的欲望。

在市场经济竞争日益激烈的当今社会,各个航空公司都在探索通过提高服务质量、扩大业务量和树立对外良好形象在国际市场上争占一席之地。其中提升服务质量是一条重要途径,其主要通过民航服务人员的良好礼仪加以呈现。如,清爽干净的服装可以给旅客带来美的感受,温柔和善的语气可以给旅客带来一种亲和力,端庄大方的姿态可以展现民航服务人员的精神面貌,热情的服务态度可以拉近服务人员与旅客之间的距离。标准礼仪的使用让民航服务人员深刻体会到中华文化的魅力,民航服务人员高品质的服务能让旅客感受到民航公司的贴心服务,这些效应都将为民航公司带来源源不断的客源,与此同时也能促进民航公司效益的增收。

以上阐述表明,不断规范民航服务人员的职业礼仪,是提升民航业服务质量,促进民航业不断发展的重要举措。

第二节 民航服务人员职业妆容礼仪

妆容是指人体通过某种装扮修饰形成的外在形态表现。作为民航服务人员,应该通过恰当的化妆修饰使自己的气色显示更好,五官看起来更加和谐美观。那么,民航服务人员应该如何进行仪容、发型的修饰呢?又该如何根据自己的肤质选择合适的化妆品及妆容呢?

一、民航服务人员仪容修饰

仪容美的基本要素是貌美、发美、肌肤美,要求整洁干净。良好的仪容能给人健康自然、鲜明和谐、富有个性的深刻印象。每个人的仪容是天生的,天生丽质的人毕竟是少数,然而我们却可以通过化妆修饰、发式造型等手段弥补和掩盖容貌方面的不足,在视觉上把自身较美的方面展露、衬托和强调出来,使外在形象得以美化。

(一)仪容修饰的原则

1. 洁净卫生

民航服务人员在进行其个人面部修饰时应关注洁净的问题,主要是考虑面容的清洁与否。特别应当强调的是,民航服务人员在上岗服务时,要保持自己的面部干净、清爽。要真正保持面部的干净、清爽,公认的标准是要使之无灰尘、无泥垢、无汗渍、无分泌物、无其他一切被人们视为不洁之物的杂质。要真正做到这一点,就要养成平时勤于自检的习

惯。如眼角、鼻孔、耳后、脖颈等易于藏污纳垢之处，切勿在清洁时一带而过、予以疏忽，勿将洗脸纯粹视为"走过场"的例行公事，蜻蜓点水、马马虎虎地敷衍了事是不行的。

2. 自然适宜

民航服务人员应注重修饰本人的容貌，要对自己的容貌有意识地扬长避短，而要自觉维护并保持自己修整的容貌，并不是一朝一夕的事，需要持之以恒。而在仪容修饰中，自然美是仪容修饰的最高阶段，一个人的妆容给人以自然的感觉是最好的，如果通过修饰五官轮廓变化太大，就会失去修饰仪容的初衷，所以在仪容修饰中一定要做到妆容的自然。

（二）仪容修饰的注意事项

民航服务人员在出席任何场合时，应养成定期检查自己仪容的习惯，但要注意以下几个方面。

1. 不当众梳理头发

民航服务人员应注意在公共场合不要当众梳理头发、修剪指甲和化妆，以及清洁牙齿、眼睛、耳朵等，最好是使用面巾纸擦汗，纸巾使用后不可乱丢。

2. 不当众整理仪容仪表

民航服务人员忌穿脱随意，如在公共场合当众松腰带、拉裤腿、脱鞋等，要定期检查自己的仪容仪表是否整洁规范。

3. 避免身体发出异响和异味

公共场合打喷嚏或咳嗽时，民航服务人员应转头避人，使用纸巾或者曲臂遮挡口鼻。打哈欠时，应用手遮挡住嘴，以免将不太雅观的一面呈现给他人。

二、民航服务人员发型修饰

形象设计从发型开始，民航服务人员的发型要求不应源于个人喜好，而应根据职业需要来设计。长发为什么要盘起来？这是由于在客舱发生安全意外时，如果长发飘飘会不利于乘务员的应急处置工作，加之民航服务人员的制服本身就是端庄的，所以需要有统一、干练、规范的发型。

（一）护理头发

1. 清洁头发

（1）头发无异味。做到三勤，即勤洗（两三天）、勤修（半月左右）、勤梳理（上岗前、脱帽后），注意避免不当众梳理。不用味道过于浓烈的护发用品，保持头发气味清新。

（2）头发无异物。如无头皮屑等。

2. 清洗头发

一般2~3天洗一次头发，油性头发应每天清洗。

（1）梳头。洗发前先梳头，方便下一步的清洗。

（2）选择洗发水。可根据自己的发质选择不同的洗发水。

注意：不要直接把洗发水倒在头皮上，这样会过度刺激头皮，产生头皮屑。

3．护理头发

（1）保养头发。经常修剪，避免头发分叉；定期养发，不用高温吹发。

（2）染发。近似黑色。

（二）发型规范

1．男乘务员

男乘务员发型要求：前不遮眉，后不触领，侧不留鬓，侧不遮耳，不染异色；不剃光头，不剃小平头、阴阳头；不留中分；不烫发（见图3-1）。

2．女乘务员

（1）长发要求。整齐盘起，一丝不乱，露出前额和双耳，如有刘海则不应盖住眉毛；使用的发卡、发网必须是黑色、没有花纹的；如戴头花，必须为航空公司统一配发（见图3-2）。

图3-1　男乘务员发型

图3-2　女乘务员发型

（2）短发要求。梳理整齐，前不遮眉，侧不遮耳，后不触领；不宜过短，否则会显得太蓬松；不染异色，定期修整，必要时用啫喱喷雾定型。

三、民航服务人员妆容塑造

民航服务人员妆容设计主要根据航空公司的制服特点及职业特点来确定。妆容的主要款式有三种：蓝紫色系、紫色系和金棕色系。每一个妆容模板都从粉底、眼影、唇彩、腮红等各个细节处设定了标准，从而使民航服务人员妆容更加规范、靓丽，体现出民航服务人员的职业特色。由于民航服务人员的工作环境受到空间、光线的影响，以及长达十几个小时的高空飞行，环境易干燥、人群高密度集中等，因而在妆容设计、化妆品选用等方面要兼顾到上述因素。一般民航服务人员的整体妆容是偏向暖色调的。一个爽洁大方又清新自然的淡妆，不仅会给人自然淡雅、亲切温暖的感觉，而且会让人赏心悦目，忘却旅途的劳累。

（一）清洁皮肤

我们的皮肤由于新陈代谢的原因，表面会堆积很多角质化细胞，空气中的灰尘、细菌也会附着在肌肤上，所以正确地清洁面部肌肤是化好妆的第一步。洁肤可使肌肤处于洁净清爽的状态，令妆面服帖自然、不易脱妆。洁肤一般包括两部分，即卸妆和清洁。对于化过妆的面部要先卸妆再清洁，对于没有化过妆的面部可直接进行清洁。化妆前的洁肤工作一定要细致认真，一时的疏忽不仅会影响化妆效果，而且还会影响肌肤健康。

1. 洁肤准备

柔软面巾、洁肤品、镜子等。

2. 清洁皮肤

（1）卸妆。用卸妆油或卸妆霜按摩面部后，再用面巾拭去面部妆容。

（2）洗脸。用温水轻拍面部后，使用洁肤品，再用清水清洗，然后用面巾或毛巾吸干。

（3）清洁颈部与手部。用温水清洗颈部与手部后，使用洁肤品，再用清水清洗，用面巾纸擦干。

（二）护理皮肤

护理皮肤可分为爽肤、润肤、保养皮肤三个方面。

1. 爽肤

爽肤即用化妆水为皮肤补充水分，目的在于滋润肌肤，调理肌肤酸碱度，平衡油脂分泌，防止脱妆。化妆水的选择要根据皮肤的性质而定，如油性肤质或毛孔粗大的肌肤，应选择使用收敛性的化妆水，以收缩毛孔，减少油脂分泌，使肌肤显得细腻光滑。

2. 润肤

润肤是指通过使用润肤霜来滋润和保护肌肤。润肤霜要根据自身的肤质和季节的变化来选择。化妆前的润肤主要有两个目的：一是润肤后的肌肤容易上妆，而且不易脱妆；二是润肤霜可在肌肤表层形成保护膜，将肌肤与化妆品隔离开来，从而达到保护肌肤的目的。

3. 保养皮肤

外出时应涂上防晒护肤品，从而有效阻挡伤害肌肤和使肌肤变黑的 UVA 及 UVB 紫外线，防晒与滋润双重修护，延缓肌肤衰老。表皮新陈代谢周期为 28 天，每两周可做一次面部护理，根据肌肤情况做深层滋养面膜护理，或者去角质，或者去美容院护理，这样对肌肤长期保持柔嫩有良好功效。

（三）施底妆

1．打匀粉底霜

使用海绵或绵扑将粉底霜均衡地拍打在整个面部，要做到"浓淡均匀，层次自然"，特别是要注意发际间、眼角、眼梢、下眼帘、鼻沟、口角处要拍打均匀，不可缺漏。注意手法的运用，最好用海绵扑拍打粉底霜，切勿在脸上来回擦拭。粉底色要与自身颈部一致，面部、耳根部、颈部要衔接柔和，避免戴面具似的界限分明。粉底霜不可涂得太厚，皮肤未化妆时一般显得很透明，化妆后理应越自然越好。人的面部颜色富有起伏变化，这种奥妙的变化不能用单一颜色粉底液来体现，故采用多种颜色粉底化妆才更显自然。

2．拍粉定妆

定妆粉即散粉，主要用于控制肌肤的光泽度，防止掉妆，同时使肌肤变得更柔和。选择适合自己的定妆粉，用粉扑从肌肤分泌最多的鼻头扑起，然后扑打额头、面颊、眼窝处。注意眼部要扑打得仔细一些，眼角、下眼睑处不要缺漏。定妆粉不易用得过多，定妆后再用粉刷除去多余的粉末，也可以在脸部喷洒少量的水雾，再用纸巾拭去多余的粉末。

3．施眼影

施眼影是为了表现眼部结构的整体化妆风格，塑造眼睛及面部的立体感。

选择的眼影颜色要适合自己的肤色及服装色，也可以用颊红色或大地色替代。注意眼影应以庄重的浅咖啡色为基础色调，根据季节和服装色的变化，适当改变眼影色彩。涂眼影时，用棉棒沾眼影施放在眼皮与眼窝处，贴近睫毛及其眼窝处要重些，然后用眼影刷轻轻地由中间向眼角、眼梢涂抹，再由眼角、眼梢向中间扫开，呈扇形状，与鼻侧影自然相接（见插页图3-3）。

4．画眼线

画眼线是指以黑色增加眼睫毛的合理浓密度，使眼睛生动而富有神采。

画眼线时，首先将肘部支好，防止拿眼线笔的手发抖。然后，使用眼线笔紧贴睫毛，遵循"上粗下细""上长下短"原则由外眼角向内眼角方向描画。"上粗下细"是指上眼线要比下眼线粗些，比例以7∶3较为适宜。"上长下短"是指上眼线从外眼角向内眼角画7/10长，下眼线画3/10长。画眼线时，不建议用眼线液，因为眼线液容易渗出损坏妆面，也容易污染眼睛（见插页图3-4）。

5．涂染睫毛

涂染睫毛是指用睫毛器将自然向下的眼睫毛卷起，再用睫毛膏涂染固定睫毛，使眼睛发亮生辉。

涂染睫毛时，视线向下，用睫毛器夹住睫毛。注意睫毛器的面要与眼睑的曲线完全吻合，不可硬卷。睫毛用睫毛器夹住卷3~4次（每次夹按5秒钟，不必过于用力），睫毛器要顺着睫毛移动，就能卷成向上挑的美丽形状，再涂上睫毛膏就能收到染色固定的效果。

睫毛膏的涂法：首先，视线向下，将睫毛刷由上眼睑睫毛根部向睫毛梢部边按边涂。这个部位用油不宜过多，要涂得极薄，否则涂好的睫毛会恢复原状。常用的睫毛膏颜色最好是黑色或无色。然后将镜子放在下面，视线向下，再把上眼睫毛向上涂抹睫毛膏，睫毛刷要勤转动。另外涂下眼睫毛时，镜子要放得高一些，眼睛向上看，鼻子向下拉长，这样做可以拉紧面部肌肤，睫毛又不会蹭到脸上（睫毛刷要竖起来，左右拨动睫毛梢，然后再顺着睫毛涂抹）（见插页图 3-5）。

6. 描眉形

描眉形是为了突出或改善个人眉形，以与眼睛更好地相衬。眉毛的生长规律是两头淡、中间深、上面淡、下面深。所以首先要修正眉头、眉峰和眉梢，然后根据其特点进行描眉形。

描眉毛时，将眉笔削成扁平状，沿着眉毛生长方向一根根地描出眉毛，这样描出的眉毛有真实感。不可简单地画出一条黑粗线，或先勾出轮廓再往里面填颜色。修饰眉形要根据自己的脸型来修饰，如果脸盘宽大，眉毛就不宜修得过细；五官纤细的人，不宜将眉毛修饰得太浓密（见插页图 3-6）。

7. 立鼻梁

鼻子宛如脸上的一朵花，给鼻子化淡妆，要在鼻子周围下功夫。如鼻根（架眼镜的地方）和内眼角处都是凹下去的地方，可以在此处加影色，使它看上去显得更深一些，而且要使之与眼影融为一体，对比鲜明、凹凸有致，就能给人以鼻梁挺拔之感。

8. 刷腮红

面颊红润是健康的标志。刷腮红不仅能使面颊红润、轮廓优美，还是健康活力的象征。

刷腮红时，腮红的中心应在颧骨部位，用腮红刷从颧骨处向四周扫匀，并且越来越淡，直到与底色自然相接。腮红的形状可以改善脸型。圆脸型者腮红的形状应作长条型设计，长脸型者则可以横向刷腮红。腮红的颜色选择要与唇膏同一色系。皮肤白皙的人可以选择淡而明快的颜色，如浅桃红、浅玫瑰色；皮肤基色深一些的人，其腮红色可以深一些、暗一些（见插页图 3-7）。

9. 涂唇彩

唇彩是唇部化妆用品，直接涂抹于唇部或用于口红上，主要作用是赋予唇部光泽感、添加颜色。唇彩通常分为液体和柔软固体两种类型。

涂唇彩时，以唇笔描好唇线。先描上唇，再描下唇，由左右两边沿唇部轮廓向中间描，唇角要描细。若想改变不理想的唇型，可在画唇线时适当修饰。描好唇线后，再由外而内涂唇彩。唇彩的颜色应根据肤色、服饰颜色等因素做相应调整。最后用纸巾吸去多余的唇彩，检查牙齿上是否留有唇彩痕迹。注意口红与唇彩颜色不要太过鲜艳、浓烈，还是要以淡雅为主，给人以清新的感觉为宜（见插页图 3-8）。

10. 检查妆容

化好妆后，需站在大镜子前仔细检查妆容的整体效果：检查妆容色彩与发色、肤色、服饰颜色是否和谐；检查妆容时应考虑光线因素，妆容色彩要柔和、清晰、自然；检查眉毛、眼线、唇线及鼻影的描画是否左右对称、浓淡平衡、粗细一致；检查眼影色的搭配是否协调，过渡是否自然柔和；检查唇膏的涂抹是否规整，有无外溢和残缺；检查腮红的外形和深浅是否一致。

妆容应该是以"清新、淡雅、简洁、庄重"为宜。如果带妆时间较长，可在检查完妆面之后再用蜜粉固定一次,以保证妆面的持久。在休息或上卫生间的间隙,可检查妆面是否完整、干净,有无缺漏和碰坏的地方,并及时补妆,以免影响妆容的整体形象。

第三节　民航服务人员职业服饰礼仪规范

伟大作家莎士比亚说过:"一个人的穿着打扮,就是他的教养、品味、地位的真实写照。"一个注重服饰整洁的人一定是具有良好修养的人,这既是内在涵养的表露,也是对他人的一种尊敬。职业形象是精神面貌的外观呈现,是第一印象和自身综合能力的外在体现。民航服务人员的职业服饰不仅是对旅客的尊重,同时也能使其具有职业自豪感、责任感和可信度。

一、服饰礼仪的基本规范

了解一个人最好的方式是从他的着装开始的,虽然说"穿衣戴帽各有所好",但在不同的场合,着装是有一定规范的。

(一)着装与身份相称

(1)区分男女长幼。着装应避免穿着中性服装,以免难以区分性别,还要注意和年龄相符,年轻人要朝气蓬勃,不能老气横秋,中年人要稳重大方,特别是中年女士不能为了显年轻刻意扮嫩。

(2)区分职业。很多职业是有制服的,如公安、税务、工商、空乘等。

(3)区分民族。我国是一个多民族的国家,各民族都有自己的民族服装用以体现本民族文化,通过民族服装可以区分出不同的民族。

(4)区分地位。中国古代衣冠制度森严,不同阶级穿着不同样式的服饰,通过着装区别身份地位。比如,金貂是汉代以后皇帝左右侍臣的冠饰,故代表侍从贵臣;布衣代表平民,因为古代平民穿没有染色的白衣,衣料大多是麻布类的,故又称"布衣";青衿是古代读书人常穿的衣服,借指读书人。

(二)着装弱化自身不足

着装要根据自身的高矮胖瘦、肤色黑白等特征弱化自己的不足。例如,小腿粗的女士可以穿长裙来遮盖,大腿粗壮的女士则应避免穿超短裙;脖子短的女士尽量不穿高领的衣服,穿U领、V领的衣服会显得脖子稍长;肤色暗淡的女士尽量选择柔和色调的服饰。总之,要善于通过着装弱化自己的不足。

(三)三大场合着装

场合着装最重要的是适宜。

(1)公务场合。是指工作的地点以及从事工作业务延续的地点。其女性着装要求庄重、保守、大方。套装、套裙、制服是最佳的选择。没有套装可以穿长袖衬衫、长裤、长裙。办公场合最不适合穿牛仔裤、运动装、休闲服。

（2）社交场合。是工作之余和别人交往的场所，如宴会、聚会、舞会、拜访等。其着装要求时尚、典雅、突出个性。社交场合最不适合穿制服。

（3）休闲场合。是指个人活动的场所，即指一个人独处或与不相识的人共处的公共场所，如居家、旅游、逛街、遛弯、健身，该场合适合穿运动装、休闲装、牛仔裤、T恤、背心等，着装以舒服、随意、自然为宜。

（四）遵守原则

着装要遵循一定的原则，如 TPOR 原则、三色原则、三一定律、整洁原则、整体和谐原则等。

1. TPOR 原则

TPOR 原则，即 T（Time）时间、P（Place）地点、O（Occasion）场合、R（Role）角色。该原则要求人们在选择服饰、考虑服饰具体款式时必须考虑 TPOR 原则，即根据时间、地点、场合、角色来选择适当的服装和饰品和谐搭配、协调一致。

（1）时间原则（T）。着装应根据一天中的不同时间段来选择服装，白天的活动宜选择晨礼服、日间社交服、套裙等，女士不宜露肩和锁骨。晚上六点以后的活动宜选择燕尾服、大礼服，女士可以裸露肩部和锁骨后背。饰品的选择方面，白天应避免过分隆重、闪亮，晚间可以选择闪光、夸张的饰品。

（2）地点原则（P）。依据活动场所是在室内还是室外，是山上还是沙滩，来选择相应的服饰。如果身穿套裙、脚蹬高跟鞋去爬山就不合适。

（3）场合原则（O）。要去什么地方？是去办公、社交，还是去郊游？场合氛围是比较简单的，还是相对隆重的？是比较严谨的，还是相对放松的？这些都是选择服饰很重要的因素。

（4）角色原则（R）。角色决定一切。每个人在不同的场合有不同的角色需要，相应的着装就要有所不同。一个人既有在职业场合上的造型，也有在其他社交活动当中的造型。服饰与角色和环境融为一体时才是最合适的。

例如，女士出席婚礼时穿着不宜过于出众、耀眼，不能抢新娘的风头。另外，在悲哀、肃穆的场合，应当穿着黑色或素色的服装，不宜穿着颜色鲜艳或者装饰性太强的服装。

2. 三色原则

正式场合着装时应将服饰的颜色控制在三种颜色之内。

3. 三一定律

指的是穿着职业装时，鞋子、腰带、公文包三件物品颜色要统一。

4. 整洁原则

在任何情况下，服饰都应该是整洁干净的，衣服上不能有污渍、不能有破损，衣服上的纽扣该系的要系好，衣服要经常熨烫，保持平整挺括，不能有褶皱。

5. 整体和谐原则

美学非常重要的一个特征就是和谐。服饰搭配包括服饰与服饰、服饰与人、服装与社会角色之间都要达成整体的和谐。

二、民航服务人员职业服饰礼仪规范

（一）民航服务人员的制服要求

制服是指由某一个企业统一制作，并要求某一个部门、某一个职级的公司员工统一穿着的服装。简单地说，制服是指面料统一、色彩统一、款式统一、穿着统一的正式工作服装。制服体现着员工所在企业的形象，反映着企业的规范化程度。

民航服务人员的制服是一种职业标志，规范得体的制服着装，不仅可以展现出个人积极饱满的工作状态和礼仪修养水平，更是对旅客的基本尊重和礼貌，且便于旅客辨认，同时也能使民航服务人员具有一种职业自豪感、责任感和可信度。

各航空公司都在空乘制服的设计上不断创新，追求自己独特的风格，力求通过航空服务人员统一的着装来展示公司的文化。例如，中国国际航空公司的"蓝宝石"制服是由法国著名设计师皮尔·卡丹设计的，其"中国红""中国蓝"新制服是由法国著名设计师拉比杜斯设计的。海南航空公司的第五代制服是由著名设计师劳伦斯·许设计的。劳伦斯·许说："第五代制服的设计可以说是继承并且升级了海航以往制服（如'民族服'版、'国际灰'版）的图纹、色系等经典元素，使之一脉相承，在向历代制服致敬的同时，融入了当下的国际时尚元素，兼具现代美感。"

根据航空公司对制服管理的规定，制服的一系列物品及佩件只允许民航服务人员本人使用，为了安全起见，员工们无论何时何地都要保管好自己的制服及相关物品，任何情况下都不可将制服系列物品外借、赠予或转卖给未经授权的组织。确保制服等一系列物品处在一个良好的保存条件下，保持其整洁度。在公众场合下，不允许把个人便装与制服的饰物或其部分一起混穿。

（二）民航服务人员的职业服饰要求

民航服务人员的制服是指航空公司统一制作配发的工作制服，分为男女式春秋装、夏装和冬装。

1. 女乘务员的制服及职业着装规范

1）女乘务员的制服

春秋装：制服外套、风衣、马甲、长袖衬衣、裙子、长筒丝袜、工作皮鞋、帽子、丝巾。

夏装：短袖衬衣、马甲、夏裙、长筒丝袜、工作皮鞋（见图3-9）。

冬装：冬装大衣（羽绒服）、制服外套、马甲、长袖衬衣、裤装（裙装）、冬装围巾、帽子、短丝袜、工作皮鞋（皮靴）。

备注：主任乘务长/乘务长和乘务员穿着不同颜色的制服外套。

2）女乘务员的职业着装规范

制服外套：保持干净整洁、熨烫挺括，穿着制服外套时必须系好纽扣，不得佩戴装饰性物件（见图3-10）。

图3-9 夏装

图3-10 制服

风衣：春、秋两季时穿在制服套装外，穿着风衣时必须系好所有纽扣，系好腰带。

马甲：尺寸适中，保持干净平整，穿着时必须系好所有纽扣，马甲上必须佩戴名牌。

衬衣：清洗干净，熨烫平整，穿着时必须系好所有纽扣，长袖衬衣领口、袖口扣子必须扣好，不允许挽起袖子，衬衣下摆系在裙服腰内。

大衣：冬季穿在制服套装外，穿着大衣时必须佩戴冬装围巾，不穿着大衣时必须佩戴丝巾，穿着大衣时必须系好纽扣，在客舱门区迎送旅客时可穿大衣，在客舱服务时不允许穿着大衣。

裤装：在执行冬季航班任务时需穿着裤装，穿着裤装时，上装必须穿着同色制服外衣和同色马甲；裤子应熨烫平整，保持干净、挺括，裤子口袋内不得放置太多零散物品。

3）女乘务员的基本配饰及要求

帽子：帽子与制服套装要配套，穿着春、秋、冬装制服、风衣、大衣迎送旅客时必须佩戴帽子；穿着马甲时可不戴帽子；佩戴帽子时帽徽端正，正对鼻梁，帽檐不遮眉，在眉上方1～2指位（见图3-11）。

丝巾：佩戴航空公司统一发放的丝巾时，穿

图3-11 帽子佩戴

着春、秋、冬装时必须按照航空公司指定的方式佩戴丝巾；飞机起飞前和落地后要佩戴丝巾，飞行过程中可不佩戴丝巾；要时刻保持丝巾颜色鲜艳、干净整洁、熨烫平整，如有褪色需及时更换。

名牌（服务牌）：佩戴统一发放的带有航徽、乘务员中文和英文拼写姓名的名牌时，必须佩戴刻有自己名字的名牌，名牌必须字迹清楚、无破损，穿着制服外套时必须佩戴名牌；名牌佩戴于左胸上侧，距肩线 15 厘米居中处；穿着马甲时名牌佩戴在胸前左侧口袋上沿儿中间处；穿着围裙时，名牌佩戴在胸前左侧裙带与裙身交接的地方。

长筒丝袜：应统一穿着航空公司发放的长筒丝袜，确保无破损、无抽丝、破洞现象。

工作鞋：穿着工装时，应穿着航空公司统一发放的工作皮鞋，工作皮鞋应保持干净光亮、无破损；工作皮鞋鞋跟的高度为 3～5 厘米，鞋跟粗细适宜，通过候机楼大厅直到飞机起飞前要穿着高跟工作皮鞋，飞机平飞后应统一更换平跟鞋，下降安全检查前统一更换高跟工作皮鞋（见插页图 3-12）。

头花发饰：应根据不同制服套装颜色，佩戴配套的头花。如中国南方航空公司穿着天青蓝色制服时佩戴蓝色头花，穿着芙蓉红色制服时佩戴黑色头花。佩戴的头花必须是航空公司统一发放的，发网必须为黑色，盘发髻时要求使用隐形发网，如需佩戴发卡，必须为黑色，发卡上不得有任何装饰物，佩戴发卡的总数量不得超过 4 枚。

围裙：空中供餐饮时佩穿，保持干净整洁、无褶皱。

登机牌：登机牌上的姓名信息不能随意涂改或删除，登机牌统一使用航空公司配发的带有航空公司标识的袋子，穿着制服时，登机牌挂在衣领外部，穿着大衣时挂在大衣领子的外侧，登机牌正面朝外自然下垂，上机后摘掉。

2．男乘务员的制服及职业着装规范

1）男乘务员的制服

春秋装：风衣、制服外套、马甲、长袖衬衣、领带、裤子、帽子、袜子、工作皮鞋（见图 3-13）。

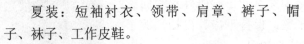

图3-13　春秋装

夏装：短袖衬衣、领带、肩章、裤子、帽子、袜子、工作皮鞋。

冬装：大衣、外套、马甲（毛衣）、长袖衬衣、裤子、帽子、袜子、工作皮鞋（皮靴）。

（2）男乘务员的职业着装规范

风衣、大衣：穿着时必须系好纽扣（见图 3-14）。

制服外套：保持干净整洁，穿着制服外套时必须系好纽扣，不得佩戴装饰性物件。

马甲：春、秋、冬季提供餐饮服务时要求穿马甲，尺寸适中，保持干净平整，穿着时必须系好纽扣，马甲上必须佩戴名牌（见图 3-15）。

图3-14　大衣制服

衬衣：衬衣分为长袖和短袖两种，应清洗干净、熨烫平整。春季、秋季、冬季穿长袖衬衣，夏季穿短袖衬衣，穿着时应系好所有的纽扣；长袖衬衣领口、袖口扣子必须扣好，不允许挽起袖子，衬衣口袋内不得放置零散物品，衬衣下摆系在裤腰内。

裤子：裤子应熨烫平整，保持干净挺括，没有污迹破损，长短适中，不可挽裤脚，裤子口袋内不得放置过多的零散物品。

3）男乘务员的基本配饰及要求

帽子：穿着制服、风衣、大衣时必须戴帽子；帽徽端正，帽檐不遮眉，在客舱工作期间无须戴帽子。

名牌（服务牌）：佩戴统一发放的带有航徽、乘务员中文和英文拼写姓名的名牌，必须佩戴刻有自己名字的名牌，名牌必须字迹清楚、无破损；名牌须佩戴在外衣、马甲、制服衬衣左胸部上衣口袋上方处，名牌下端与兜盖儿上端平齐放置于中间位置（见图3-16）。

领带：执行航班任务时，应系好领带，领带应保持干净平整；佩戴领带时，衬衫领口应系好，挺胸站立时领带的尖端必须与皮带扣中间平齐，领带长度要适宜，穿马甲时必须将领带放在马甲内。

图3-15 马甲

肩章：须保持肩章的干净整洁，执行航班任务时男乘务员佩戴一杠条纹肩章，主任乘务长、乘务长佩戴双杠条纹肩章。

工作皮鞋：执行航班任务时应穿着统一发放的工作皮鞋，工作皮鞋应保持干净光亮、无破损、无异味。

袜子：应统一穿着航空公司发放的单一深色系袜子，无破损、无异味，不得有抽丝、破洞现象，执行航班任务时应有备份袜子。

登机牌：登机牌上的姓名信息不能随意涂改或删除，登机牌统一使用航空公司配发的带有航空公司标识的袋子；穿制服时，登机牌挂在衣领外部，穿大衣时，登机牌挂在大衣领子的外侧，登机牌正面朝外自然下垂，上机后摘掉（见图3-17）。

图3-16 名牌（服务牌）

图3-17 登机牌

3. 空乘人员的配饰及要求

戒指：穿着制服时，佩戴的饰品需保守、简单，不能影响工作，男、女乘务员可以佩戴一枚简洁的戒指，设计要简单大方，女士戒指镶嵌物直径不超过5毫米。

手表：在执行航班任务时必须佩戴一块走时准确、款式正规的手表。款式应简洁大方、刻度明显，有时针、分针，表带以金属和皮质为宜，皮质表带的颜色限制在黑色、棕褐、深灰色、咖啡色，女士表带宽度不得超过 2 厘米，禁止使用夸张时髦的电子表、带卡通及有装饰物的手表。

耳饰：佩戴饰品时，男乘务员不得佩戴任何耳饰，女乘务员只允许佩戴样式简单的一对耳钉，耳钉镶嵌物直径不超过 5 毫米，只允许戴在耳垂中部，不允许佩戴耳环或有耳坠的耳饰。

项链：女乘务员可戴一条项链，但不应外露。

指甲：在工作期间，指甲应该保持干净，修剪整洁。女乘务员指甲不得涂鲜艳和怪异的指甲油，可选择透明色、肉色和淡粉色为限，涂抹均匀，不能有脱落现象；染色指甲长度不超过指尖 3 毫米，不染色指甲长度不超过 2 毫米，禁止使用珠光色或含闪粉的指甲油。男乘务员禁止涂指甲油。

（三）民航地面服务人员的服饰要求

民航地面服务人员每天忙碌在候机楼的不同岗位上，为每架飞机正点起飞、安全到达目的地做着保驾护航的工作。乘务员、运输窗口人员和地面一般工作人员服装颜色、式样、标志均按航空集团公司统一标准执行。民航地面服务人员的制服设计上有鲜明的特征来划分工作的种类，为了便于旅客识别，并突显岗位的不同，民航地面服务人员穿着制服时胸前必须佩戴工作牌来明确工作人员的工作岗位。

民航地面服务人员男女制服着装规范、发型、工作证件、服务牌、领带、丝巾、肩章、袜子、皮鞋、饰品佩戴等的规定与空勤人员基本相同。

（四）制服的清洗、打理，维护制服尊严

（1）无论在何时何地，都应自觉维护制服的尊严，自律自己的行为。
（2）始终保持制服干净整洁、挺括、没有异味、没有污迹，袜子没有破损。
（3）定期清洗、熨平，不可有褶皱，围裙没有污迹，皮鞋光亮。
（4）冬、夏装不可混搭，按规定着装，不可把个人衣装和职业装混搭或替代制服。
（5）不能穿着制服出席与航空无关的场合或其他公共场合。
（6）不能借制服之便搞一些欺诈行为。
（7）在候机楼，女乘务员不能穿着裙子奔跑。

（五）领带和丝巾的系法

1. 领带的系法

男乘务员在工作期间必须佩戴统一发放的领带，要规范系好，领带下端的大箭头正好抵达皮带扣的位置，工作期间不能将衬衫领口松开。领带系法采用平结或温莎结（见图 3-18、图 3-19）。

第三章　民航服务人员职业礼仪基本规范

图3-18　平结系法

图3-19　温莎结系法

2．丝巾的系法

女乘务员应佩戴航空公司统一发放的丝巾，丝巾系法按照航空公司的要求方式。下面介绍几种常用的丝巾系法。

（1）平结。将丝巾按照对角折叠法折叠成长条形，将丝巾佩戴在颈部，两端交叉，上方的一端拉长一些，从短的一端下方向上穿出系一个结，把结调整到适当位置即可（见图3-20）。

（2）玫瑰结。先把丝巾的两个对角打一个小小的死结，再把另外两个角转两圈，转圈后的一个角穿过小死结下方的洞，然后两头轻轻向两边拉紧，整理花瓣，再将拉出的两端在颈后交叉，打一死结即可（见图3-21）。

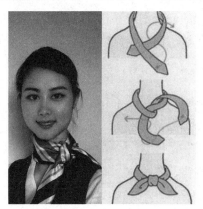

图3-20　平结

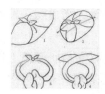

图3-21　玫瑰结

（3）扇形结。将方巾折成风琴状百褶长带围在脖子上，系一个平结，将平结调到适当位置，整理好即可（见插页图3-22）。

民航服务人员的服饰蕴含着民航服务的理念，正确规范的着装才能展现民航人的职业形象，有助于帮助民航服务人员赢得同事的认可和旅客的信赖，提升航空公司的对外形象，同时也可以更好地体现出对旅客的尊重，为旅客提供更优质的服务。

第四节　民航服务人员职业仪态礼仪规范

民航服务人员和蔼甜美的微笑、亲切真诚的问候、标准挺拔的站姿、轻盈矫健的走姿、恭敬诚挚的鞠躬致意、耐心精准的手势引导，既是民航服务人员综合素质和修养的具体体现，也是对旅客的尊重与热情。民航服务人员的举手投足、一颦一笑都代表着职业形象，所以良好规范的仪态礼仪是其基本职业要求和素养。

一、表情

表情是指从面部的变化表达出来的心理活动和思想感情，它是无声的服务语汇，是一种无声的诉说。表情中最重要的就是微笑和眼神。对于民航服务人员来讲，在工作岗位上热情和蔼的微笑、温和亲切的眼神是对职业服务的要求，同时也是一种基本的岗位规范。

（一）微笑

雨果说："有一种东西，比我们的面貌更像我们，那便是我们的表情；还有另外一种东西，比我们的表情更像我们，那便是我们的微笑。"每年的 5 月 8 日是世界微笑日，又称国际微笑日，是由世界精神卫生组织在 1948 年确立的唯一一个庆祝人类行为表情的节日，可见微笑的重要性。

微笑是超越语言限制的世界通用语言，是人际交往的润滑剂和通行证。尤其民航服务人员的微笑表达出的是对旅客的热情、理解、关爱和尊重，同时为旅客创造出一种轻松的氛围，使旅客在享受服务的过程中感到愉悦。

1．微笑的要点

微笑时双唇轻启，牙齿半露，脸部苹果肌向上向后舒展，眉梢上扬，充分表达内心的喜悦。微笑的要点是心笑、眼笑、嘴角翘。按照微笑的程度可以分为三类：一度微笑、二度微笑和三度微笑。

（1）一度微笑。一度微笑时嘴角肌微微上提，不露齿、不出声，面含浅浅的笑意。一度微笑是我们的基础表情，像春天里的太阳让人身心舒畅。

（2）二度微笑。二度微笑时嘴角肌上扬，苹果肌同时向上，嘴唇轻启。交谈中用二度微笑会传达友好并让人觉得受到尊重，就像冬日的暖阳，给人无限的温暖。

（3）三度微笑。嘴角向上翘起，嘴唇略呈弧形，不牵动鼻子，露出 6~8 颗牙齿，不露出牙龈。三度微笑时嘴角肌、苹果肌、眼睛周围的肌肉同时运动。三度微笑像夏天的骄阳热情灿烂。

2．微笑的训练方法

（1）建立良好的心态。印度诗人泰戈尔说："当一个人微笑时，世界便会爱上他。"

"笑容"一词本意就在说明容得下才能笑得出,所以我们对周围的人、事、物多一些宽厚的包容,多一些善意的理解,就会产生共情,保持平常心从而拥有良好的心态。建立良好心态的方法有很多,可以经常想象自己经历过的开心的事情,或者回忆看过的电影或小品的搞笑片段,看一些有趣的笑话,这都能使自己很快高兴起来。用流行的话说:"你不能改变天气,但你可以改变心情;你不能选择容貌,但你可以展现笑容。""心态好,则事事好;心放宽,则事事安。"

(2)微笑的整体面部配合。微笑是人的面部各部位的综合运动,要由眼神、眉毛、嘴部、苹果肌等协调动作来完成。

眼神:微笑时目光柔和发亮,练习时对着镜子,两眼微微张大,眼角向上。

眉毛:眉头自然舒展,眉毛微微上扬。

嘴部和苹果肌:微笑时嘴部和苹果肌先放松,然后微微张开嘴,拉紧两侧嘴角,同时把食指放在嘴角并向脸的上方轻轻上提,主动找苹果肌,一边提一边使嘴部充满笑意。

还可以通过朗读 "一""前""甜""茄子""田七"等张开嘴型的字词,增加嘴唇肌肉弹性。微笑时避免牵动鼻子,注意不露出牙龈。

(3)咬筷子练习。用门牙轻轻地咬住木筷,把嘴角对准木筷,与筷子在同一水平线上,然后嘴角两边翘起高于筷子,上扬到最大幅度,同时苹果肌上提,保持 10 秒,对镜反复练习。

(4)相对训练。两人一组,用纸张遮住眼睛以下的部位,让对方通过眼睛的变化判断自己是否在真诚的微笑,相对训练,互相纠正(见图3-23)。

(5)把微笑当作见面礼。把微笑当作一种习惯,做到天天微笑。著名国学大师季羡林曾说过:"每天醒来我就笑,笑着笑着……我就高兴了。"让我们每天醒来就试着笑起

图3-23 微笑的练习

来吧!这个笑容会感染身边的人,请把微笑当作见面礼送给见到的人。微笑,对人是礼物,对己是财富。

3. 微笑的注意事项

(1)要做到主动微笑。民航服务人员要在和旅客见面之初主动发出真诚亲切的微笑,让旅客有如沐春风之感。工作场合不能冷笑、假笑、怪笑、媚笑、窃笑、狞笑。

(2)微笑服务时配合身体动作。微笑服务时上半身微微前倾,配合点头致意等动作增强亲和力,同时下巴微收表达谦虚诚恳。

(3)微笑服务时面部表情和蔼可亲,微笑注重"微"字,保持三度微笑以内的程度就好。

(4)微笑服务时目光接触对方视线宜平视,眼中含笑,目光友善,眼神亲切坦然,表达喜悦和友好,不能左顾右盼。微笑注视时间不宜过长,时间过长会给人假笑的感觉,一般三秒为宜。

(5)微笑服务时结合语言。声音柔和、甜美,音量适中向旅客问好打招呼。例如,

"您好！欢迎登机。""女士您好！请问您是喝果汁还是可乐？"

（6）微笑服务时对待旅客要一视同仁，不能厚此薄彼、区别对待。

（二）眼神

眼睛是心灵的窗户，人们通过目光来表情达意，传达语言之外的情感。作为民航服务人员，这扇窗户更要擦拭得明亮光洁。亲切、自然、和蔼、有神的目光是展示良好职业形象的重要因素。

1. 注视

（1）注视时间。民航服务人员在服务旅客的过程中，目光注视旅客的累计时间占整个交往过程的二分之一到三分之二是最合适的，对方会感到被重视；少于三分之一或者超过三分之二的时间注视对方是不礼貌的，一般注视时间应不少于三分之一。

（2）注视的方式。民航服务人员服务旅客的过程中，目光注视旅客的角度一般采用平视或仰视，目光要求认真、专注、亲切、柔和，表示尊重和坦诚，不能斜视、盯视，任何时候切记不能像医院 X 光似的上下扫视。

（3）目光注视的部位。根据场合不同以及交往对象身份的不同，注视的部位也有所不同。目光注视一般分为公务注视、社交注视、亲密注视三种（见图3-24）。

① 公务注视。注视部位在对方双眼到额头的区域，也叫作上三角区，适用于洽谈合作、谈判等严肃场合，目光给人一种严肃认真的感觉，就是公事公办。

② 社交注视。注视部位是双眼到嘴巴的区域，也叫作中三角区，适用于普遍的社交场合。

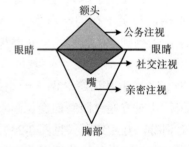

图3-24 目光注视的部位

③ 亲密注视。注视部位是双眼到胸部的区域，也叫作下三角区。这是亲人之间、恋人之间、家庭成员之间使用的注视区域。

民航服务人员在服务旅客时要采用社交注视区域，不宜注视乘客头顶、胸部、大腿和脚部，对异性而言，尤其不要注视其胸部以下。

（4）目光的变化。民航服务人员在服务旅客时可以采用散点柔视法，即将目光柔和地投射到旅客脸上，而不是注视在某一点，注意不能将视线长时间固定在注视的部位上，应适当地将视线从固定的部位移动片刻，再收回来，这样能使对方心理放松。

2. 目光的训练方法

（1）盯视法。在前方 2~3 米远的明亮处选一个点，点的高度与眼睛在同一水平线上，做个记号。训练时，眼睛自然睁开，双眼正视前方，盯着目标记号，目光集中，不要散神，注视一定时间后双眼微闭稍作休息，再猛然睁开眼，立刻盯住目标记号，反复练习。

（2）转眼法。转眼法就是眼球在眼眶里上、下、左、右来回转动（见图3-25）。

图3-25　转眼法

① 眼球由正前方开始，由左转到右，再由右转到左，反复练习。

② 眼球由正前方开始，由上转到下，再由下转到上，反复练习。

③ 眼球由正前方开始，上、右、下、左各做顺时针转动，每个角度都要定住，眼球转的路线要到位，然后做逆时针转动，反复练习。

（3）扫眼法。在离眼睛 2～3 米处放一张画或其他物品。头不动，眼睛由左向右缓慢横扫，再由右向左缓慢横扫，反复进行练习。眼睛像扫把一样，视线扫过的东西尽量全看清楚，眼球转到两边位置时，眼睛要定住。

3．练习眼神的注意事项

《礼记·玉藻》九容中的"目容端"指的是看人的眼神要正，不要眼波流转，游移不定，东张西望、左顾右盼、上下乱看、挤眉弄眼、眼球反复转动、目光无神都是要禁止的。

二、仪态

良好规范的仪态是民航服务人员不可或缺的基本职业要求和素养。一个站立挺拔、坐姿端正、行走大方的民航服务人员，会给旅客一种自律、阳光、积极的印象。民航服务人员的仪态包括站、坐、行、蹲、手势等一系列动作，仪态体现着民航服务人员的精神状态和内在的气质修养。

（一）站姿

站姿是一种静态美，是体现民航服务人员形象最基础的仪态。《礼记·玉藻》九容中的"立容德"，是说站姿可以表现一个人的德行，站立时不倚不靠，挺身而立，不仅代表精神饱满，而且也是对他人的尊重。

我国著名的历史学家、教育家钱穆先生在他的晚年著作《师友杂忆》中写道："教学生立正，不是看抬头挺胸、收腹敛臀，而是要求立正时，做到白刃交于前，泰山崩于后，能够凛然不动，要有大丈夫的气概，立正要往内求，然后外发，做到以上始得为立正。"由此可见，看似简单的一个站立姿势，其核心则是培养身体内在的中正之气。

1．站姿的动作要领

头部要正——头部端正，脸面向正前方。

颈部要直——脖子要梗直，不能往前探出或者向后倾。

肩膀要平——双肩打开，不能内扣，手臂放松自然下垂。

胸部要挺——胸部挺起、后背直立。

腰部要立——腰部立起拉长，挺直不能歪斜。

腹部要收——腹部用腹肌的力量向内回收。

双腿要并——膝盖并拢，双腿并拢。

双脚要靠——双脚脚跟靠拢。

2．站姿的训练

女士双脚脚跟并拢，脚尖打开15°～45°，成"V"字形，膝盖并拢，大腿夹紧，立腰敛臀。男士双脚可并拢，也可以平行打开约20厘米。用脊柱挺拔的力量挺胸，继续挺拔到颈椎，用颈椎挺拔的力量抬头，下颌微收，颈部梗直，肩膀打开，后背直立，双臂自然下垂，双手自然并拢垂放到两侧裤缝处，目视前方，面含笑意，呼吸自然；腰部以上用向上的力量拔起，双脚像树根一样紧紧抓地。男女要求站立时挺直端正，保持身体挺拔和内心的恭正。

（1）背立靠墙练习。靠墙站立，要求双脚跟、双腿肚、臀部、双肩、背部、脑后部贴紧墙面，同时将双手握拳放到腰与墙面之间。每次训练5～10分钟。

（2）顶书练习。身体站直，挺胸收腹，头上顶一本书或者瑜伽砖保持平衡，女士膝盖夹纸。每次训练5～10分钟（见图3-26）。

3．女士站姿

（1）标准站姿。双脚脚跟并拢，脚尖打开15°～45°，成"V"字形，膝盖并拢，双臂自然下垂，双手自然并拢垂放到两侧裤缝处（见图3-27）。标准站姿是民航服务人员的基本站姿。

（2）前腹式站姿。前腹式站姿也叫作迎候式站姿，适用于民航服务人员迎客、送客。在标准站姿的基础上，双臂自然下垂，双手虎口相交，手指并拢相握，右手在外，左手在内，拇指内收，放于小腹前（见图3-28）。

（3）腰际式站姿。腰际式站姿也叫作礼宾式站姿，在前腹式站姿基础上，双手上提放在腰附近，双肘外展架起，大臂和小臂在同一平面上成90°角。这种站姿最能体现民航服务人员的优美仪态（见图3-29）。

第三章 民航服务人员职业礼仪基本规范

图3-26 站姿练习　图3-27 女士标准站姿　图3-28 女士前腹式站姿　图3-29 女士腰际式站姿

（4）交流式站姿。在标准站姿的基础上，双手虎口相交，手指并拢弧形相握，右手在外，左手在内，拇指内收，转动手腕，虎口朝内，手背朝上，肩肘放松，双手轻握放在胸腰间。这种站姿适用于民航服务人员和旅客站立交流时使用，显得自然亲切（见图3-30）。

（5）女士步位。

① "V"字步。双脚脚跟并拢，脚尖打开呈15°～45°（见图3-31）。

② "丁"字步。左脚尖朝向正前方（12点钟方向），右脚内侧中部紧贴左脚跟（2点钟方向），两脚尖斜对角成"丁"字形，双腿并拢，成左"丁"字步，右脚尖朝向前方成右"丁"字步。在相对正式的场合中"丁"字步比较漂亮，看上去双腿修长挺拔，因为两小腿靠得更紧，即便是两腿站直有缝隙的人站成"丁"字步时，也会掩饰缺陷（见图3-32）。

③ "3/4"步。将左脚的脚跟靠拢在右脚的3/4处，或把右脚的脚跟靠拢在左脚的3/4处（见图3-33）。

图3-30 女士交流式站姿　图3-31 女士"V"字步　图3-32 女士"丁"字步　图3-33 女士"3/4"步

这几种脚位要依据具体服务环境情形决定，当然，相比而言，"V"字脚位更可使人看上去既自然又规范。

4．男士站姿

（1）标准站姿。双脚并拢或平行打开约 20 厘米，双臂自然下垂，双手自然并拢垂放到两侧裤缝处（见图 3-34）。

（2）前腹式站姿。前腹式站姿也叫作迎候式站姿，在标准站姿基础上，双手自然相握，左手搭在右手的外侧，或者右手握空拳，左手握住右手手腕放于小腹前（见图 3-35）。

（3）后背腰际式站姿。在标准站姿基础上，双手相握放在后腰处，昂首挺胸，体现男士阳刚之美（见图 3-36）。

图3-34　男士标准站姿　　图3-35　男士前腹式站姿　　图3-36　男士后背腰际式站姿

5．站姿注意事项

站立时禁止歪头、含胸驼背、耸肩勾背、东倒西歪、探脖塌腰，避免一个肩膀高一个肩膀低，不能抖腿，禁止双手插兜，双手交叉抱于胸前、托腮等（见图 3-37、图 3-38、图 3-39）。

图3-37　站姿禁忌一　　图3-38　站姿禁忌二　　图3-39　站姿禁忌三

（二）走姿

潇洒优雅的走路姿势能够体现一个人的风度和魅力，矫健的步伐、轻盈款款的步态能够展示民航服务人员良好的精神风貌。

1．走姿动作要领

头抬起，下颌收，双眼平视，表情自然平和，后背直立，双肩平稳，肩放松，胸要挺，收腹立腰，自然摆臂（摆幅以 30°～50°为宜），步伐轻而稳，重心落在前脚。

2．走姿分解动作

在标准站姿基础上，提胯，大腿带动小腿向前迈进，脚尖略开，起步时身体微向前倾，同时摆臂，头部、胸部以及前面的腿保持在垂直于地面的一条直线上，重心前移落步，脚跟先接触地面，身体重心送到前脚掌，五趾抓地，使身体前移，双肩平稳，上身挺直，头正、胸挺、腹收、腰立，左右脚交替进行，这个过程重心像流水一样向前推进。无论女士还是男士，走路时必须挺胸、收腹、提臀，膝盖绷紧，全身有挺拔向上的感觉（见图 3-40 和图 3-41）。

图3-40　女士走姿　　　　图3-41　男士走姿

步位：女士脚跟交替落在一条虚拟的直线上，脚尖略向外打开；男士脚跟交替落在两条很近的平行线上。

摆臂：以肩关节为轴，大臂带动小臂前后自然摆动，摆动幅度以前后 30°～50°为宜，女士双手自然弯曲并拢，男士双手自然弯曲并拢或握空拳。

步幅：行走时步幅不宜过大，以一只半脚的长度为宜，步子太大或太小都不合适。

3．礼让注意事项

（1）在宽敞的大厅或走廊里面对面的礼让。大约距离 1 米时停下脚步，目视对方，微笑点头或问候，然后面对面通过。

（2）在狭窄走廊里背对背的礼让。大约距离 1 米时停下脚步，目视对方，微笑点头或问候,侧身背靠背式通过。

(3)在手持物品时的完全礼让。停下脚步,退后停住,让对方先通过自己再通过。

4. 走姿训练方法

动作要领掌握后分组练习,可以播放音乐跟着节奏进行走姿训练,在教师的指导下反复训练,纠正不良走姿,达到端正、稳健、灵敏的标准。

5. 走姿注意事项

(1)走路时胯部自然摆动,女士注意摆动幅度不能大。

(2)走路时重心避免上下窜动。

(3)走路时避免内、外八字脚。

(4)走路时上身挺直,双肩平稳,不能晃动。

(5)走路时脖子不能前伸。

(6)走路时全身忌松垮。

(三)坐姿

民航服务人员标准规范的坐姿能够向旅客展示认真的工作态度以及训练有素的职业修养。我国古代坐姿的基本要求是保持上身的正直,因为儒家讲究人的身体"正"和内心的"中",认为这是君子内外一致的表现。

1. 坐姿的动作要领

一般情况下,要求入座时左进左出,落座时保持无声,离座时需要谨慎。

(1)入座。以标准站姿站立在椅子的左边,右脚向右跨一步,左脚跟上,双腿并拢成标准站姿侯座。

(2)落座。落座时,右脚向后撤半步,小腿肚碰到椅子后,膝盖弯曲。女士右手背捋裙摆,上半身保持直立落座,右脚上前和左脚并齐,两膝并拢,同时双手交叠放到大腿上压住裙角;男士双膝分开大约 10 厘米,双手分别放于大腿上,上身直立与地面垂直,小腿与地面垂直。目视前方,面含笑意,呼吸自然。落座后坐椅面的 2/3 比较合乎礼节,不应当把上身完全倚靠在椅背上(见图 3-42)。

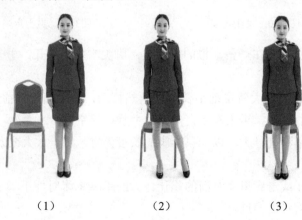

(1)　　　　　(2)　　　　　(3)

图 3-42　入座与落座

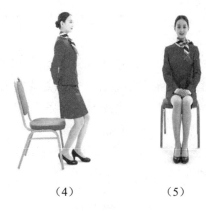

（4）　　　　　（5）

图3-42　入座与落座（续）

（3）离座。离座时，右脚向后撤半步，腿和腰一起发力，上半身保持直立离座，右脚上步和左脚并齐，恢复标准站姿，左脚向左跨一步，右脚跟上，双腿并拢成标准站姿回到椅子左侧。离座时侧后退1～2步再转身离开。

注意：整个落座和离座过程都不能发出任何声响。

2．女士坐姿

（1）标准坐姿。标准坐姿是民航服务人员的规范坐姿。上身直立，和地面成直角，小腿和地面成直角，双腿并拢。双手虎口相交轻握放于大腿上压住裙角，目视前方，面含笑意，呼吸自然（见图3-43）。

（2）双腿斜放式坐姿。双腿并拢，两脚踝和两膝盖合拢在一起，微微倾斜，双手叠放在裙角处。这样的坐姿不仅是淑女的姿态，更有它的优势，就是可以防止走光（见图3-44）。

（3）前后式坐姿。也叫直曲式坐姿。在标准坐姿基础上，左脚前伸半脚，左脚足弓处与右脚脚尖并在一起，大腿并拢（见图3-45）。

（4）前伸式坐姿。在标准坐姿基础上，两小腿同时向前伸出大约一脚的距离（见图3-46）。

图3-43　标准坐姿　　图3-44　双腿斜放式坐姿　　图3-45　前后式坐姿　　图3-46　前伸式坐姿

（5）交叉式坐姿。在标准坐姿基础上，左脚前伸，右脚后撤在脚踝处交叉，膝盖并拢（见图3-47）。

（6）侧挂式坐姿。在非正式场合，可以选择这种坐姿。这种坐姿是最能体现女性腿部完美曲线的一种坐姿，显得腿很长，拍照很漂亮。方法是先将右脚向右前方45°伸出，然后将左腿抬起放于右腿上，大腿和膝盖紧密重叠，两条小腿贴紧没有缝隙，左脚脚面绷直，脚尖朝下，双手轻握放于左腿上，上身垂直于地面（见图3-48）。

（7）重叠式坐姿。在标准坐姿基础上，左腿抬起在右腿膝盖处重叠，左小腿自然下垂，两小腿尽量靠近，脚尖不要跷起（见图3-49）。

图3-47　交叉式坐姿　　　图3-48　侧挂式坐姿　　　图3-49　重叠式坐姿

3．男士坐姿

（1）标准坐姿。标准坐姿是民航服务人员男士的规范坐姿。上身直立，和地面成直角，小腿和地面成直角，双腿分开10~20厘米，双手手指自然并拢分别放于大腿上，目视前方，面含笑意，呼吸自然（见图3-50）。

（2）前后式坐姿。也叫直曲式坐姿。在标准坐姿基础上，右脚前伸半脚，右脚足弓与左脚脚尖在一条直线上（见图3-51）。

（3）前伸式坐姿。在标准坐姿基础上，两小腿向前伸出大约一脚的距离。

（4）交叉式坐姿。在标准坐姿基础上，双脚在脚踝处交叉（见图3-52）。

（5）架腿式坐姿。在非正式场合，可以选择这种坐姿。在标准坐姿基础上，右腿抬起在左腿膝盖处重叠，右小腿自然下垂，脚尖不要跷起，要避免两腿搭成"4"字腿（见图3-53）。

4．坐姿注意事项

（1）女士两膝不能打开，脚尖不能跷起。

（2）避免剪刀腿（见图3-54）。

（3）避免将手放到双腿中间（见图3-55）。

（4）坐下时避免含胸（见图3-56）。

第三章　民航服务人员职业礼仪基本规范

图3-50　标准坐姿　　　图3-51　前后式坐姿　　　图3-52　交叉式坐姿　　　图3-53　架腿式坐姿

图3-54　女士坐姿禁忌一　　　图3-55　女士坐姿禁忌二　　　图3-56　女士坐姿禁忌三

（5）男士两膝不能打开太大，不应当把上身完全向后躺在椅背上，架腿时避免"4"字腿（见图3-57、图3-58、图3-59）。

图3-57　男士坐姿禁忌一　　　图3-58　男士坐姿禁忌二　　　图3-59　男士坐姿禁忌三

（6）避免把双腿岔开向前伸直。

（7）坐时不能抖腿。

5. 坐姿训练

掌握动作要领后可以按照入座、落座、各种坐姿、离座节奏进行练习，先喊八拍口令练习，熟练后配合音乐节奏练习，教师纠正不良坐姿。

（四）蹲姿

日常生活中，在捡拾掉在地上的物品时，人们常常弯腰捡拾，这种姿势难免欠缺优雅。民航服务人员更应以大方得体的蹲姿用于捡拾物品。

1. 男士高低式蹲姿

男民航服务人员一般采用高低式蹲姿。动作要领是：标准站姿准备，左脚向前上半步，两腿平行，后背直立，上身和地面保持垂直下蹲，左脚全脚着地，小腿基本垂直于地面，右脚脚跟提起，脚掌着地，左腿高、右腿低，双膝打开，臀部向下，基本上以右腿作为支撑，两腿间留有适当缝隙，双手分别放于膝盖上，目视前方，面含笑意（见图3-60）。

图3-60　男士蹲姿

2. 女士蹲姿

（1）高低式蹲姿。女士在穿裙子时采用这种蹲姿比较安全。其动作要领是：标准站姿准备，右脚向后撤半步，两腿平行，右手手背捋裙摆，后背直立，上身和地面保持垂直下蹲，左脚全脚着地，右脚脚跟提起，脚掌着地，以右腿支撑，双膝紧靠，臀部向下，双手交叠，放于裙角处（见图3-61）。这种蹲姿普遍适用于民航服务工作中。

（2）交叉式蹲姿。左腿向前交于右腿，两小腿交叠，右手手背捋裙摆，上身和地面保持垂直下蹲，左脚全脚着地，右脚脚跟提起，脚掌着地，双腿支撑，臀部向下，双手交叠放在高腿裙角处（见图3-62）。

图3-61　高低式蹲姿（捡拾物品）　　图3-62　交叉式蹲姿

3．蹲姿注意事项

（1）不要突然下蹲。

（2）不要距人过近。

（3）不要毫无遮掩。

（4）不要蹲在椅子上。

（5）不要蹲着休息。

（6）不要"卫生间蹲"（见图3-63）。

（7）拍照或捡拾物品时，女士最好不要正面朝向对方，而应选择侧身蹲下捡拾，避免弯腰翘臀，同时展示腿（高的腿）在外侧（见图3-61）。

图3-63　蹲姿禁忌

（五）鞠躬

1．鞠躬的动作要领

鞠躬是中国人表达敬意的传统礼节，更是民航服务人员对旅客表达尊敬的郑重方式。鞠躬时双脚立正，双手叠放于腹前，双眼礼貌地注视受礼者，面带微笑，以髋关节为轴，上身前倾15°～45°，视线随之落到脚前1.5～0.5米处，头、颈、背、腰保持一条直线，停留2～3秒后起身，保持笑容，目光回到受礼者（见图3-64）。

2．鞠躬的幅度

民航服务人员在问候或向旅客致意时行15°鞠躬礼，在表达谢意或自我介绍时行30°鞠躬礼，在表达诚恳的敬意或歉意时行45°鞠躬礼（见图3-65）。

例如，空乘人员在旅客进入舱门时，面带微笑地问候旅客："您好！欢迎您乘坐本次航班！"语落行15°鞠躬礼（见图3-66）。

图3-64　鞠躬的练习

（a）15°鞠躬

（b）30°鞠躬

45°鞠躬

（c）

图3-65　鞠躬的幅度　　　　图3-66　迎候时行15°鞠躬礼

3．鞠躬的注意事项

（1）无论鞠躬的角度是多少，内心要深深地向旅客鞠躬90°。

（2）鞠躬时，目光自然落下，表示谦恭。

（3）鞠躬时必须立正、脱帽、郑重地行礼。

（4）只弯头、不低头或屈膝的鞠躬，都是不符合礼仪规范的。

（5）女士鞠躬时注意优雅度，双腿并齐，速度要慢。

（6）鞠躬礼毕起身时，双目应有礼貌地注视对方。

（六）致意

1．致意的概念

致意是一种不出声的问候，民航服务人员向旅客致意时，一定要使对方看到、看清，致意时距离不能太远，见到旅客时要主动致意。

2．致意的方式

民航服务人员致意的方式有点头致意、举手致意、微笑致意、欠身致意等。

（1）点头致意。点头致意是民航服务人员向旅客打招呼时用得最多的一种方式。正确做法是：眼睛目视对方，面带微笑，头部向下点一下（下巴找锁骨）（见图3-67）。

（2）举手致意。向对方打招呼致意，不必作声，目视对方，举起右臂，五指并拢，掌心向前，左右摆动2～3次即可。

（3）微笑致意。不出声、不露齿地微笑，民航服务人员在服务过程中可以伴随点头致意向旅客打招呼。

图3-67　点头致意

（4）欠身致意。目视致意对方，全身或上身微微向前倾斜一下，可以向一人，也可以向多人同时欠身致意，欠身致意可以站着，也可以坐着，欠身时双手不拿物品。

3．致意的注意事项

（1）致意时要注意文雅，致意的同时不能向旅客大声喊叫，以免妨碍他人。

（2）当旅客向自己致意时，应向对方回敬致意，毫无反应是失礼的。

（3）致意时的动作不能敷衍潦草，要规范到位，才能显示对旅客的尊重。

（七）手势

仪态中动作变化最多的就是人的手势，手势是通过手和手指活动传递信息的一种方式。民航服务人员标准规范的手势可为旅客做出正确的指示和引导。在服务工作中，恰当的手势使用可以增加语言的说服力，甚至能表达语言无法表达的思想内涵，提升服务品质。

1．手势的动作要领

标准站姿站立，左手自然下垂，右臂伸出，手掌自然伸直，五指并拢，大拇指微收，掌心向上或斜切地面45°，手腕伸直，手掌、手腕与小臂成一直线，以肘关节或肩关节为轴轻缓划出半圆，根据需要向前、左、右、上、下等方向指向目标，同时目光注视对方或指引的方向。指人、指物、指方向时，手势应从腹部之前抬起，通过手臂摆动来指示。

2．手势配合服务语言场景训练

目视对方，面带微笑，上身微微前倾。

（1）指引的手势。民航服务人员在旅客左前方 0.5～1.5 米的位置引导，选择合适的手势并配合相应的语言进行练习。

例如：

"您好！请您往前走！"

"您好！请跟我来！"

"您好！请您往前走，向左转！"

"您好！请您往前走，向右转！"

"您好！请您上楼梯向右转！"

以下为向右（见图 3-68）、向左（见图 3-69）、向上（见图 3-70、图 3-71、图 3-72）方向的手势练习。

图3-68　指引的手势一　　图3-69　指引的手势二　　图3-70　指引的手势三

图3-71　指引的手势四　　图3-72　指引的手势五

(2)招呼的手势。"您好！欢迎登机！请您往前走！"

(3)请人入座的手势。"您好！您请坐！"（见图3-73）。

(4)道别的手势。"您好！欢迎下次光临！""您好！再见！"（见图3-74）。

图3-73　请人入座的手势　　　　　　　　图3-74　道别的手势

3．使用手势的注意事项

(1)民航服务人员应尽量使用右手来进行指示。因为有些国家、民族认为两手有分工，右手为"尊贵之手"，用于进餐、递接物品以及向人行礼，左手为"不洁之手"，仅用于沐浴和方便。

(2)不能用食指指向旅客。

(3)在为旅客指引方向时，不能用一个手指来指或掌心向下挥手去指。

(4)在为旅客提供服务的过程中要特别注意，一定要在自己站立之时正面面对服务对象，避免将自己的背部对着对方。

（八）递接物品

民航服务人员在递送物品时应用双手递送，体现出对旅客的尊重，特定场合不适合用双手时宜用右手递送，左手递送物品会被视为失礼。递送带有文字的物品时，应将文字的正面朝向对方。递送物品时应上身前倾，目视对方，面含笑意（见图3-75）。接受物品时也应礼貌地用双手接过来，并伴随礼貌用语。递送尖锐物品时应将带尖的一面朝向自己或他处，不可朝向对方（见图3-76）。

（九）综合仪态训练

旁白：

准备：请标准站姿站立，请调整呼吸，让呼吸保持自然状态，请调整心态，让内心平和、安详、愉快！

图3-75　递送物品　　　　图3-76　递送尖锐物品

（1）请展示微笑礼仪：放松眉头，放松面部肌肉，请用心来笑，请用眼来笑，请嘴角上翘，请整个面部保持微笑状态。

（2）请展示基本的站立姿势：请抬头、挺胸、收腹、立腰、收臀、大腿并拢，女士两脚呈小"V"字形，男士双脚平行打开约 20 厘米。注意，用脊柱挺拔的力量来挺胸，用颈椎挺拔的力量抬头，下颌微收。

请展示前腹式站姿：双手相握于前腹，四个手指并拢，双臂垂放于体前。

请展示腰际式站姿：双手相握于腰际，双臂微微外展，男士双手相握于后腰。

请展示交流式站姿：双手自然相握于胸腰间，手指放松。

（3）请展示前倾15°的鞠躬礼：前腹式站姿准备，"您好！欢迎乘坐本次航班！"

请展示前倾30°的鞠躬礼：前腹式站姿准备，"您好！非常感谢！"

请展示前倾45°的鞠躬礼：前腹式站姿准备，"您好！非常抱歉！请您耐心等候！"

（4）请展示基本的手势。标准站姿准备。

指路的手势："您好！请您往前走。""您好！请您上楼梯向右转。"

招呼的手势："您好！欢迎光临！"

道别的手势："请慢走！"

递接物品的手势："请您拿好。""谢谢！"

请对方入座的手势："您好！您请坐！"

请展示引领的姿势："您好，请跟我来。"

（5）请展示基本的走路姿态：挺胸、抬头、收腹，步调适中，手臂摆动自然，请保持后背直立（走姿展示的同时变成面对面的两组，为展示礼让做好准备）。

请展示在行走过程当中的礼让：第一种是在宽敞的大厅或走廊里的面对面的礼让，第二种是在很狭窄的走廊里背对背的礼让。

（6）请展示蹲的姿态：一脚前一脚后、一腿高一腿低、膝盖并拢、上身与地面保持垂直状态。

（7）请展示坐的姿势：双脚并拢，小腿和地面保持垂直，身体和椅面保持垂直，挺胸,立腰,面部保持微笑(标准式坐姿)。

请展示前伸式坐姿。

请展示前后式坐姿。

请展示交叉式坐姿。

请展示斜放式坐姿。

请展示侧挂式坐姿。

请展示重叠式坐姿。

谢谢大家!(起立,30°鞠躬)

民航服务人员需要通过学习和训练掌握仪态规范,养成良好的仪态习惯,提升个人素质,提高民航服务水准和工作质量,更好地展示民航服务人员的精神风貌。

思考与练习

1．问答题

(1)民航服务人员仪容修饰的基本原则有哪两项?

(2)民航服务人员妆容的基本要求和化妆的原则有哪些?

(3)服务微笑有哪些要点?

(4)民航服务人员的规范坐姿是怎样的?

(5)民航服务人员的服饰、配饰礼仪规范有哪些?(可分类列举)

2．论述题

作为民航服务人员,女士的头发在岗位中为了美观是否就可以长发飘飘?

3．练习题

(1)勤加练习,找到适合自己的职场淡妆化法。

(2)创编一套礼仪操,内容包括微笑、站姿、坐姿、走姿、蹲姿、手势、致意、鞠躬等动作,配合音乐完整展示。

第四章 空乘人员客舱服务礼仪

导读

客舱服务是各个航空公司服务质量以及服务效果的直接体现。在各种服务中,客舱服务有着自身的特点,从航前准备到客舱迎接旅客登机、与旅客沟通,再到飞行中客舱服务、航后异议处理,在各个阶段的服务中都有相对应的服务礼仪。

学习目标

1. 了解航前准备会礼仪;
2. 掌握客舱迎送客礼仪;
3. 熟悉客舱内仪态礼仪的应用。

第一节 航前准备礼仪

航前准备主要指的是登机前这一阶段。相对应的礼仪规范主要指的是在登机之前的准备是否充分和得体。在该阶段的准备能够充分体现出空乘人员的工作态度、工作责任心以及整个航空公司的形象。在登机之前,空乘人员需要依据航空公司的要求来进行航前准备会、乘坐机组车进入候机楼等环节,每个环节都应遵循相应的礼仪规范,具体包含以下几个方面。

一、航前准备会

航前准备会是乘务员在收到航班任务后,在起飞前指定的时间到达公司进行整套飞行组员的协作会议工作,是执行飞行任务的第一项工作,由乘务长负责组织召开。航前准备会的内容包括确认航班号、航线、飞行时间、任务分配、应急预案、仪容仪表、应急设备携带以及证件资料有效性检查等几项工作。

航前准备会的礼仪是乘务员客舱服务礼仪的最初阶段。从航前准备会开始,就意味着航空服务工作的开始,要求全体乘务员要以规范的职业形象、职业礼仪和职业精神面貌全身心地投入工作中(见图4-1)。

图4-1　开航前准备会

1. 见面礼仪

见到乘务长和乘务员时应主动问候。见面时的礼貌问候是奠定良好人际关系的基础，也是一天工作的良好开端。无论职位等级如何，乘务员之间熟不熟悉，见面时主动问候或点头微笑示意这类简单的举动就能拉近彼此的距离，营造团结、温馨、友爱的氛围。因此，见面时应主动问候乘务长和乘务员，并向乘务组成员做自我介绍。

2. 行为礼仪

在进入准备室时，应按要求有序地将飞行箱、过夜袋摆放整齐。不要放在行人过道或出口处妨碍他人通行（见图4-2）；乘务员登机证必须规范地挂在胸前；落座后，飞行背包统一摆放在腿上或自己的座椅上，应提前将证件资料打开并整齐地摆放在会议桌上以便乘务长检查，并准备纸和笔进行内容记录（见图4-3）。相关证件、资料具体如下。

图4-2　飞行箱、过夜袋有序摆放　　　图4-3　乘务长检查乘务员的手表、证件

（1）证件。空乘人员在登机之前必须要准备好相关的登机证、身体健康证、空乘人员

执照、港澳通行证、国际航线因公护照等证件。

（2）资料。空乘人员在登机之前需要准备好相关的空乘人员手册、广播词、安全手册、应急手册、航线具体资料等。

二、乘坐机组车

航前准备会结束后，全体机组人员乘坐专车驶向候机楼。这里的专车是指运输机组人员前往候机楼的专用交通工具，又称机组车（见图4-4）。在乘坐机组车时，需要注意以下几点礼仪。

图4-4　机组车

1. 问候礼仪

上车时，要主动打招呼，问候机长、乘务长与其他乘务员。

2. 乘车礼仪

先上车的乘务员从后往前就座，把前面的位置让给后来的乘务员以及职位较高的机长、乘务长，以示尊重，并将自己的飞行箱包按顺序摆放整齐。

3. 下车礼仪

在到达候机楼时，应让机长、乘务长先下车，其他乘务员随后并互相协助提拿飞行箱。

三、进入候机楼

由于乘务员职业的特殊性，一走进候机楼就会成为旅客们的关注焦点，所以，乘务员要将自己端庄、大方以及优雅的仪态从容地展现在旅客面前，给旅客留下美好的印象。

1. 行走礼仪

行走时，女乘务员要左肩挎包，左手扶握包带下端，右手拉箱；男乘务员应左手提包，右手拉箱（见图4-5）。通过候机楼时，要排队有序进入，队列整齐，注意自己的面部表情和走姿,目光保持平视,表情自然,面带笑容;步伐不要过大、过急,行走时挺胸、收腹,展现出从容、自信之美,禁止勾肩搭背、大声喧哗(见图4-6);当遇到旅客询问时,应放慢脚步,面带微笑,耐心友善地回答旅客的问询。

图4-5 乘务员候机楼行姿

图4-6 乘务员有序上飞机

2. 电梯礼仪

乘务员在乘坐扶梯时,应纵队靠右站立,个人飞行箱放在身体的后面或右侧,留出左侧电梯通道,方便需要快速通过的旅客通行,禁止在电梯上嬉笑打闹。

3. 安检区礼仪

进入安检区时,乘务员应主动向安检人员打招呼,有序地将自己的行李放置到传送带上,并主动出示登机牌接受安全检查。

4. 待机礼仪

乘务员到达登机口待机时,应将飞行箱集中依次摆放,不要挡住行人过道或出口,应集中就座,注意坐姿规范,安静等候,不可与旅客混坐,也不可坐在窗台上、柜台上或台阶上。在待机时不可大声喧哗,不可饮食,也不可在旅客面前补妆或做出其他不雅行为。

第二节 迎送客礼仪

在航班任务执行中,主要包括迎接旅客和送别旅客两个环节。客舱迎送礼仪是指乘务员站在客舱门口和客舱内迎接旅客登机或离机道别时的礼仪仪式。在这些环节中,空乘人员需要始终保持亲和的微笑,充分表现出空乘人员对旅客的尊重和友好,这样能够给旅客留下良好的印象;空乘人员需要进行亲切的问候,这样可以有效地和旅客之间建立起良好的关系;空乘人员还需要保持端庄的仪态,这样能够在尊重别人的同时获得别人的尊重。

对于每一位旅客进行细心、周到的迎接，这样可以为旅客带来一种宾至如归的感觉。在旅程结束后，空乘人员要对旅客进行美好的送别，这样可以为旅客留下美好的印象。在下面的内容中将会对亲和的微笑、端庄的仪态、亲切的问候以及美好的送别进行详细的阐述。

一、迎送前的准备礼仪

乘务员在进入飞机后会进行相关的设备检查、服务用品检查、餐食清点等相关准备工作（见图 4-7），这样难免在工作过程中造成制服褶皱、凌乱的现象，因此在准备迎接旅客登机前，乘务员应自查仪容仪表是否达到礼仪规范，若没有达到礼仪规范，则要进入洗手间及时整理规范。

自查内容包括以下几点。

（1）发型。发型要保持整洁、美观，发型不能凌乱，要及时补充发夹及发胶。

（2）妆容。女乘务员的面部妆容要得体，口气清新，没有晕妆或花妆现象，特别是眼部妆容和口红，要及时补妆调整，以最完美的妆容迎接和送别旅客。

（3）制服。制服要整洁、挺括，扣子要齐全，特别是衬衣下摆不可外露；丝袜不可有破损，若有勾丝现象应及时更换备份丝袜；皮鞋要保持干净光亮。

图4-7 乘务员餐食清点工作

二、迎送礼仪规范

1. 迎送站姿

当旅客进入客舱时，能够直接看到乘务员的迎接。乘务员代表的是航空公司的形象，所以要保持良好的个人形象，首先给旅客留下非常好的第一印象（见插页图 4-8）。当旅客对乘务员有非常好的印象时，就会产生信赖感，甚至会产生较强的依赖感，这样可以第一时间架起和旅客沟通的桥梁。

乘务员在迎接旅客登机时，舱门处乘务员应站在靠近厨房区域，身体与舱门大约成45°角（见插页图 4-9），客舱内乘务员应正面面向旅客，统一靠机舱右侧站立（见插页图 4-10），应以标准的站姿、优美的仪态，面带微笑，目视对方，主动问候旅客。女乘务员在站立时，膝盖和脚后跟要并紧，呈现出"V"字形（见图 4-11）。男乘务员可以把双手背在身后或双手自然相握，左手搭在右手的外侧，或者右手握空拳，左手握住右手手腕放在小腹前。男乘务员在站立时，双脚可以适当分开，略窄于肩（见图 4-12）。

在站姿方面，乘务员忌讳无精打采、双手叉腰或抱在胸前、驼背弓腰、肩部不平、手臂乱动、两腿抖动、小动作多等。尤其是女乘务员更要多加注意，因为女乘务员在工作过程之中经常穿高跟鞋，容易出现疲累，要注意在任何情况下都不能随意地依靠桌子、旅客座椅靠背、墙壁等，切忌表现出慵懒的形象。

图4-11　女乘务员迎客站姿

图4-12　男乘务员迎客站姿

2．迎送礼貌用语

在迎送旅客时，要主动与旅客打招呼进行问候，以加强良好的第一印象。如，可以根据时间对旅客进行问候，如"早上好""上午好""下午好""晚上好"等欢迎词；可以根据性别和年龄对旅客进行问候，如"女士您好""先生您好""阿姨您好""叔叔您好""小朋友你好"等欢迎词；可以根据旅客信息单信息对旅客进行问候，如"王女士您好""陈先生您好""张经理您好""赵总您好"等欢迎词。

3．迎送微笑礼仪

微笑本身是一种国际性礼仪，能够充分体现出一人本身的热情以及魅力，同时微笑还是空乘人员最基本的职业修养，无论是面对一般旅客、贵宾还是自己的领导、同事都需要面带微笑，养成微笑的习惯。此外，微笑还是一种魅力，空乘人员亲和的微笑可以有效地缩短和旅客之间的距离，营造出良好的交流环境，是所有人际交往之中的润滑剂（见插页图4-13）。

微笑是世界的通用语，飞机上的旅客来自五湖四海，哪怕肤色不同、种族不同，乘务员只要报之以微笑，所有旅客都可以感受到温暖，都会有"宾至如归"的感觉（见插页图4-14）。微笑礼仪应做到以下几点。

（1）主动微笑。在与旅客有目光接触时，要主动向旅客微笑，然后再开口说话表示欢迎。在与旅客目光接触时，如旅客微笑在先，乘务员则必须马上还以更灿烂的微笑。

（2）自然大方微笑。乘务员的微笑要神态自然、热情适度，要目光有神、眼中含笑，这样才显得真切、自然、大方，使旅客没有距离感，切忌假笑、生硬做作，会显得没有诚意，不自然。

（3）真诚微笑。对旅客的微笑应是发自内心的真诚微笑，发自内心地欢迎旅客到来，把旅客当作自己的家人、朋友来迎接，用心微笑，以这种微笑给旅客温暖的感觉。

（4）适度微笑。乘务员的笑容要适度，展现健康、有分寸的微笑，不可发出声音和毫无顾忌地大笑。

4．手势礼仪

在迎送旅客时，不仅要有笑容、眼神和语言上的欢迎，还要有手势动作方面的辅助，在迎送旅客环节需要用到的手势礼仪有以下几点。

（1）递接式。当旅客进入客舱时，乘务员若发现旅客寻找座位时需要帮助，应问候旅客，同时亲切地要求："请出示您的登机牌"，同时双手手指并拢、手心向上，双手接过旅客登机牌，看过后再双手奉还给旅客。

（2）引导式。乘务员看过旅客登机牌后，应一手五指并拢，手心朝上与水平面呈45°夹角，手指伸展，手臂伸展至135°弧线（见图4-15），示意旅客明确方位或引导旅客至座位（见图4-16）。

图4-15　引导手势

图4-16　引导旅客就座

5．鞠躬礼仪

乘务员在旅客进入客舱时，应问候旅客："您好！欢迎登机！"语落行15°鞠躬礼，要面带微笑并目光注视旅客。若登机时旅客间距比较大，可以对每位旅客都进行鞠躬欢迎；若登机时旅客拥挤间距较小，则可以就近向几位旅客鞠躬欢迎一次，不要过于频繁地向每位旅客鞠躬，也可以采用点头示意欢迎代替鞠躬欢迎，但面部表情和语言不变。

第三节　客舱服务礼仪

客舱内的服务是体现空乘人员本身服务技能的重要环节之一，这一阶段直接关系航空公司的服务质量以及声誉。

一、行姿礼仪

客舱环境的特殊性要求乘务员在客舱内的行姿要做到轻快、稳重，不能给乘客留下一种慌乱、混乱的感觉（见图 4-17）。乘务员在客舱相遇时，要背对背地通过（见插页图 4-18），始终将自身的正面面向旅客，在和旅客相遇时，应停下来侧身，并且将正面面对旅客，以"请"的手势让旅客先行通过（见图 4-19）。

图4-17　客舱内行姿

图4-19　请旅客先行

二、坐姿礼仪

由于乘务员部分座椅是和旅客面对面设计的，一举一动都会被旅客尽收眼底，所以乘务员的坐姿需要做到"坐如钟"（见插页图 4-20）。具体为：乘务员在入座过程中要轻盈和稳重，头部要挺直，双目平视前方，面带微笑，下巴内收，身体端正，双肩处于放松的状态，不能依靠座椅的靠背，上身要微微前倾，臀部要占到座椅总面积的三分之二。对于女乘务员的坐姿，双腿要自然并拢，特别要注意手的位置，双手应放在裙子的边沿处，避免走光（见图 4-21）。对于男乘务员的坐姿，双腿要微微分开，双脚平行踩地，左手放在左腿上，右手放在右腿上（见图 4-22）。

图4-21　女乘务员标准坐姿　　　图4-22　男乘务员标准坐姿

三、蹲姿礼仪

在客舱服务中，蹲姿礼仪使用得较为广泛。收发餐食时、与旅客交流时、捡拾物品时都会使用蹲姿。一般来说，乘务员的蹲姿主要有以下两种。

1. 高低式蹲姿

这种蹲姿不仅会在捡拾物品和收发餐食时使用，在为老年人和儿童服务时也经常采用这种蹲姿（见图 4-23）。乘务员采用蹲姿服务时，除了要按照前面章节讲到的蹲姿基本要求练习外，也需要加强蹲姿的练习。由于飞机飞行过程中机身可能会出现摇晃、颠簸等情况，这时就需要乘务员蹲姿服务的稳定性，以免在蹲姿服务中出现跌倒等尴尬情况。另外，乘务员采用蹲姿服务时，女乘务员和男乘务员要有所区分，其中女士应该紧紧靠拢双腿，而男士可以适当地分开双腿。臀部需要向下，主要依靠右腿来支撑整个身体。

2. 高低式跪姿

这也是蹲姿的一种，通常情况下适用于乘务员与乘客长时间沟通交流时使用。这种蹲姿的优点主要是省力，利用膝关节增加支撑，可以缓解长时间蹲姿的不适，其特点和高低式蹲姿一致，但低的一侧膝盖要触地支撑身体，可把身体重心往前挪以减轻脚上重量（见图 4-24）。

图4-23　男乘务员高低式蹲姿　　　图4-24　女乘务员高低式跪姿

四、问候礼仪

1. 问候要积极主动

乘务员在为旅客提供服务时,态度要积极主动,这不仅是工作的要求,同时也是礼貌的要求。这样积极的问候,会使乘务员在之后服务的过程中占据主动。如果在服务过程中,乘务员的问候不够主动和积极,就可能因为旅客本身的来回走动以及和他人聊天时错过问候旅客的时机。另外,如果旅客先于乘务员进行问候,此时乘务员一定要给予旅客一定的反馈,不能毫无反应。

2. 问候要声音清晰且柔和

乘务员在问候旅客的过程中,声音要洪亮,保障旅客能够听清楚,尤其是在清晨、午后等时间段,此时旅客的精神状态尚未完全恢复,因此需要大声地问候,这样能够使旅客感受到关心和热情,有利于乘务员进行服务。同时,在问候旅客时,乘务员的语言要清晰准确,不管是中文的问候,还是其他语种的问候,都需要发音准确,吐字清晰,以此来保障旅客能够听清,不能出现语速过快、吐字含糊不清等现象。另外,在问候时,空乘人员的语气要柔和,保障旅客听得自然和舒服,如果乘务员的语气生硬,就会使旅客感到距离感,此时问候不仅成为一种多余,甚至还会引起旅客的反感。

3. 问候要重视实际情况

不同旅客的情况存在很大差异,旅客的身份各不相同,其旅行目的也千差万别,因此乘务员在问候时不能千篇一律。例如,当问候行李过多的旅客时,可以说:"欢迎您登机,我来帮您拿行李吧!"对于那些行色匆匆的旅客,可以问候:"您好,飞机一会儿才能起飞,您不要着急。"对于情绪低落的旅客,乘务员可以说:"您好,有什么我可以帮助您吗?"这些都是一些根据实际情况的问候语(见图4-25)。

图4-25 乘务员向旅客问候

五、沟通礼仪

服务意识方面的问题，从本质上来看是一种认识问题，如果认识达到要求，就会在实践中注意到细微之处，此时服务意识就能体现出来。一般来说，服务意识主要是体现在乘务员的态度、服务以及交流沟通过程中的细微之处。在良好的服务意识的指导下，乘务员就能更好地进行服务，和旅客建立起自然和谐的关系。

1. 与旅客之间的沟通

在飞行中的沟通礼仪可以分为与旅客之间的沟通和与同事之间的沟通。在与旅客进行沟通的过程中需要注意的是：要有正确姿势，包括站姿、蹲姿以及行姿等；在语言沟通中要注意微笑礼仪；要及时去了解旅客本身的实际需求，并且对这些需求进行处理。在与旅客进行沟通的过程中，乘务员的身体应该位于旅客斜前45°方向，并且要保持一定的距离，端正姿势，视线注视乘客，以此来表示尊重（见图4-26）。需要和旅客长时间沟通时，乘务员应呈蹲姿与旅客交流，以避免旅客长时间仰视交流造成身体不适（见图4-27）。

图4-26　与旅客沟通

图4-27　与旅客长时间交流

2. 同事之间的沟通

在与同事进行沟通的过程中需要注意的是：在沟通过程中不做无关的事情，认真倾听沟通内容，以表达相互尊重；不讨论、评价、"八卦"别人，视线要注视对方，并及时给予回应；不中途打断对方说话，以免影响对方思路；特别要注意说话语气，减少负面情绪，传播正能量。

总之，在客舱服务过程中，乘务员应具备较强的沟通能力，恰当运用主要的沟通礼仪，这不仅是服务意识在服务过程中的体现，而且在某种程度上对于客舱服务质量的提升也起到决定性的作用。因此，对于乘务员来说，在服务的过程中要学会察言观色，提升自身在这一方面的能力，在遇到不同旅客时能够迅速地判断出旅客的实际情况,从而站在旅客的立场上去考虑。如果不看交流对象、不看服务场合,千篇一律地进行服务是错误的,乘务员应该针对不同的旅客进行区别对待,以此来满足每一位旅客对于服务的不同需求。

六、书报杂志服务礼仪

(1)乘务员在将飞机上的报纸折叠好之后,需要将相同或者是相同类型的报纸放在一起,杂志需要分开,并将所有的杂志排列成为扇形。竖版报纸采用扇形摆法(见图4-28),横版报纸采用层叠摆法(见图4-29),注意都要将刊头露出。

图4-28　竖版报纸扇形摆法

图4-29　横版报纸层叠摆法

(2)在发放杂志或者报纸时,乘务员需要一只手四指并拢,手心朝上,将报纸或者杂志托住,另外一只手要扶在报纸或者杂志的左上角或右上角。为旅客介绍时应站在旅客斜前45°位置并目光注视旅客,扶在报纸左上角或右上角的手应手心朝上为旅客介绍报纸种类。

(3)为单独的旅客提供杂志和报纸时,需要使用小托盘送出,同时询问旅客是否需要打开阅读灯。

七、物品发送礼仪

(1)乘务员在整理物品时需要按照一定的顺序进行整理,回收物品和送出物品时的顺序相反。

(2)乘务员在为旅客递送杯子时要使用托盘,并且要在托盘中铺好防滑垫纸。在送给左边旅客杯子时需要使用右手去送出(见图4-30),在送右边旅客杯子时需要使用左手去送出(见图4-31),要遵从"怀抱式服务",注意动作轻放;在收左边旅客杯子时需要使用右手去收取,在收右边旅客杯子时需要使用左手去收取;将杯子摆放到托盘时需要从里向外进行摆放,并且每一摆的数量不能超过五个。

图4-30 左边旅客用右手送出杯子　　图4-31 右边旅客用左手送出杯子

（3）乘务员在发放和回收餐盘时，需要使用相对应的服务餐车来运送，在发放餐盘时依照从下而上的顺序来进行拿取发放；在回收餐盘时，餐车顶部要摆放两个已经有防滑垫纸的托盘，用来放置餐盒、水杯等相关杂物。在将餐盘放入服务餐车内时，需依照从上而下的顺序来进行摆放。

（4）乘务员在发放物品时需要遵从先里后外的原则；反之，在回收物品时需要遵从先外后里的原则。

（5）乘务员在回收物品时需要征求旅客本人的意见，如果旅客暂时还需要，就不要回收物品，如果旅客主动递出物品，应该对旅客表示感谢。

（6）乘务员需要向旅客主动递送干纸巾、湿纸巾等。

八、客舱广播礼仪规范

在客舱广播中，主要是通过富有情感的语言来传达情感和信息，这就要求相关的乘务员掌握流利的普通话、英语以及一些其他语种。因此，乘务员在学好相关理论知识的同时还需要加强自身的普通话、英语等口语能力。众所周知，在广播中出来的效果仅仅只能听到声音，看不到其人，这就要求广播员在广播的过程中做到声情并茂，让旅客听到广播犹如在享受一场听觉盛宴。

在客舱播音中，相关乘务员所直面的是话筒，并不是真人，因此在播音时需要做到"眼前无人，心中有人"。在播报的过程中，播报员还需要为旅客着想，设想和感受旅客的反应，及时意识到旅客的心理变化、实际需求以及情绪变化等方面，并且还要以此来充分调动起自身的情感，促使自身能够有充足的情感来传递情感（见图 4-32）。如果在广播过程中，播报员毫无情感地进行播报，那么旅客所听到的声音是没有情感、没有节奏的自言自语，这样就会影响旅客的情绪。

图4-32 客舱广播

客舱内广播礼仪规范要求包括以下几项。

（1）在客舱内负责广播的乘务员必须要经过专业和严格的训练，直到获得广播的资格证之后才能上岗。

（2）需要保障不同的航线有相对应的语种广播。

（3）在广播过程中要准确用语、规范用语，所使用的词语要为专用的广播词，同时广播人员的语言要自然、流畅，音量要适中。

（4）广播的语种要遵循一定的顺序，具体为中文、英文以及其他相对应的语言。

（5）在有条件的情况下，可以根据飞机机型分舱广播。

（6）在航线较长的夜航飞行中，中途开餐可以不进行广播。

（7）当航班延误时，要及时通过广播通知飞机上的旅客。

（8）在遇到紧急情况时，带班的乘务长需要负责进行广播。

九、客舱送餐服务礼仪规范

在客舱送餐服务环节，乘务员相关礼仪规范主要包括五种，即端、倒、推、拉、递取。

1. 端

乘务员端托盘时，要双手横着端，端托盘的后半部分，或者左手端左边中间部分，右手端右下角；左右手的四指并拢托住托盘的下部，大拇指扶在托盘外边沿，大小臂大约呈90°夹角，将托盘放置在肚脐位置，但不要紧贴身体，托盘离身体要有一拳距离；同时还要保持挺胸抬头，自然地向前走（见图4-33）。在为旅客递送餐饮时，托盘要对着过道，不要冲着旅客（见图4-34）。乘务员端托盘在客舱内转身时，要遵循身转盘不转的原则，不要将托盘转动以免误伤乘客；乘务员拿空托盘时，盘面朝里竖着拿，垂放在身体一侧，不可端着空托盘行走（见图4-35）。

图4-33 端托盘

图4-34 递送时托盘朝向过道

图4-35 空托盘拿法

第四章 空乘人员客舱服务礼仪

2. 倒

乘务员在倒饮品时，左手需要拿杯子的下三分之一处，右手拿壶，右腿后撤一步，身体微倾，将杯子倾斜45°倒至七分满时挺直（见图4-36），然后面带微笑，以双手为旅客递上。在此过程之中，需要注意的是，不能为了拿稳杯子而直接握住杯子的杯沿，这是一种十分不礼貌的行为，因为杯沿是旅客嘴部直接接触的部分。

3. 推

在推餐车时，乘务员需要双手放在餐车上方的两侧，控制好方向平稳前行（见图4-37）。要在餐车停下时及时踩刹车，不能让餐车单独留在过道上。

4. 拉

乘务员在拉餐车时，双手需要紧握，同时拇指不能外露，拉动餐车上的凹槽，边向后边提醒边倒退（见图4-38）。

图4-36 倒饮品姿态

图4-37 推餐车

图4-38 拉餐车

5. 递取

在乘务员服务的过程中，递物和取物是十分常用的两个动作。在这些动作中需要双手递物或者是双手接物，五指要并拢，表现出一种恭敬的态度。在递饮品时，需要注意的是，双臂要加紧，并且要自然地将两手伸出（见图4-39）。在递取的过程中，所有的物品都要轻拿轻放，并且在递给旅客时需要双手递上，不能随便地递出；在接物时需要点头示意或是说谢谢；在递笔时不能将笔尖对着旅客，要横向递出；在递书、递资料及递文件时，上面的字体应该正对着旅客，要在第一时间让对方看清楚等。以上这些所有的动作都

图4-39 为旅客递饮品

能将自身的修养充分体现出来。

第四节　旅客异议处理礼仪

旅客异议指的是在旅客享受服务的过程中或是得到服务之后所产生的不满或是更加严重的投诉行为。乘务长讲评阶段指在航班结束时乘务长对乘务员们今天航班中的表现进行评价。在对旅客异议进行处理的过程中，乘务员应具备十足的耐心。乘务员的日常工作就是和各种各样的旅客接触，由此不可避免地就会发生和旅客产生异议的事件。因此，在服务过程中，处理旅客的异议也是十分常见的工作内容。在服务过程中，乘务员往往会遇到各种不同旅客，因此作为乘务员需要对自身的服务工作进行相关的分析和总结。同时，乘务员还必须要有良好的礼仪能力，能够灵活地使用各种技巧和良好的行为与态度应对不同旅客的各种情绪，在此基础上总结出经验，然后以这些经验为基础来根据实际情况进行处理，将被动变为主动，这样才能更好地处理旅客的异议，更好地服务旅客。

一、端正态度

在服务的过程中，乘务员需要端正自身的服务态度，严格要求自己，在接待旅客时要做到主动、热情和周到，这样可以有效地避免出现乘客的异议。

（一）主动服务

主动服务指的是要将服务放在旅客开口之前。这样的服务虽然简单，但却包含有丰富的意义，即主动服务就意味着乘务员以及航空公司的服务功能较为齐全、完备；主动服务就意味着必须要有更专注的感情投入等。对于航空公司来说，具备了相关的服务规范或是标准，只能说明具备能达到一流服务水平的基础条件，并不意味着已经为旅客提供了一流的服务。只有乘务员在服务过程中从内心理解旅客、关心旅客，才能使服务更加具有温度，才能使旅客感到亲切和温暖，才能使旅客从中体会到高水准的服务水平。

（二）热情服务

热情服务指的是乘务员对自己的工作要有积极的认识，对旅客的需求要有深切的理解和体会，从而使自身富有同情心，能够发自内心地、充满热情地为旅客提供高水准的服务。热情服务在服务过程中主要表现为乘务员的精神饱满、热情周到、动作轻快迅速等，旅客对于乘务员服务态度好坏的评价，与乘务员本身的热情、耐心以及微笑服务等有着密切的关系，但这些并不是服务的实质性内容，其实质性内容是乘务员是否具有积极主动、热情地去解决旅客需求的意识以及相关能力，是否能够为旅客提供十分具体的服务。

（三）周到服务

周到服务指的是无论是在相关的服务内容上，还是在服务过程中，乘务员都需要细致入微，处处方便旅客，理解旅客，通过各种方式为旅客排忧解难。一般来说，周到服务是一种实质性的服务，是旅客能够直接感受到的，它体现在乘务员不仅能够做好规范性服务，还能够做好个性服务。个性服务和一般意义上的服务是不同的，其本身会要求存在超常服务，即乘务员要使用不同于常规服务的方式去满足旅客的需求，一般来说，需要超常服务的旅客的需求一般都是个别的、特殊的和偶然的。除此之外，周到服务还要求乘务员进行更加灵活的服务，需要在常规服务的基础上发挥出服务的创新性、创造性，对各种情况进行灵活的处理，尽最大努力满足旅客的需求，最终给旅客留下美好的印象。

在周到服务中，还要求有更加具体和更加细致的服务。旅客在消费过程中，其本身想要得到的服务并不仅仅是物质上的服务，更多的是精神方面的服务。这就要求乘务员从旅客需求角度出发，为旅客提供有针对性的服务。

二、遵循规范

在处理旅客异议时，应该遵循以下准则。

（1）乘务员要树立"旅客永远是对的"这一服务观念，而在这一观念下，乘务员才能放低姿态来处理出现的问题，才能站在旅客的角度理解旅客的心理，从而通过给予旅客充分的肯定与鼓励来提升异议处理效率。当然，这一观念并不代表旅客的所作所为是完全正确的，而是督促乘务员要对旅客给予足够的重视，并将旅客所提出的异议作为"建议"来处理。

（2）"如果旅客错了，请参照第一条"，这一说法比较容易理解，但在具体服务过程中，需要经过一个由思想向行为转化的过程。比如，当旅客情绪激动地发泄情绪时，乘务员不能简单地通过"对与错"来处理问题，因为那样可能会进一步激化旅客的情绪，不仅会影响旅客异议的处理效果，还会使航空公司失去更多的客户。

（3）乘务员要懂得如何创造"感动"的氛围。在"感动"的氛围中，旅客能够对服务方的处境以及难处更加理解，从而可以在处理异议的过程中有所退让。

三、认真倾听

当旅客异议发生时，交流中的倾听是非常重要的，倾听不仅能为对方提供充分的表达空间，还能在倾听中更好地认识自己的缺点与不足之处，从而使后续的空乘服务更加高效。乘务员要善于从旅客的倾诉中获取关键信息，比如旅客的真实诉求、真实意图等，而后以此为基础来构思解决之策。第一，乘务员要对提出异议的旅客表示感谢，并以真诚、友好的态度对待旅客，而不能因为旅客提出异议而表现出不满情绪。第二，乘务员要学会倾听。当旅客气势汹汹地表达自己的不满情绪时，乘务员不应该针锋相对地进行争辩，而是要在保持微笑的同时进行倾听。当旅客倾诉完毕后，乘务员要做好解释与安抚工作，并要站在旅客的角度理解乘客的难处。如果在旅客怒气未消的情况下进行争辩，则容易引起旅客的更大反感，即使没有进行争辩，也不要说一些失当的话语，如"这是不可能的""你平静一点""你不要大声喧哗"等，这样不仅不利于问题的解决，还会让旅客更加气愤不已。

旅客异议是多种多样的，而很多旅客异议是十分简单的，比如，会因为飞机没有准时到达而表达不满、候机过程中没人引导而心生抱怨、办理乘机手续时因程序繁杂而生出急躁情绪等，如果服务人员能够适时地递上一杯水、一个微笑，则能很好地化解这些问题。在进行倾听时，乘务员可以用"我理解您的心情""换我也会这样想的"等话语来表示尊重与理解，同时也有利于营造一个良好的沟通氛围，可以让旅客敞开心扉表达自己的观点。在倾听时，乘务员需要真诚地看着旅客的眼睛，而不是做一些小动作或者无意识地避开旅客的目光，这样会让旅客觉得乘务员不够礼貌。同时，在倾听时要足够积极，可以通过"原来如此""你说得对""原来是这样的"等话语来鼓励旅客完全说出自己的想法。

乘务员除了与旅客交流过程中需要认真倾听外，在与乘务长、其他同事沟通时同样需要认真倾听。比如与乘务长交流时，如果频繁打断乘务长说话，就会打断乘务长的思路，这样会极大影响沟通桥梁的形成。

思考与练习

1. 问答题

（1）空中客舱广播礼仪有哪些规范？

（2）书报杂志应该怎样递给乘客？

（3）托盘使用时应该注意哪些礼仪规范？

2. 练习题

（1）进行航班迎送旅客实训演练。航线：北京—上海，以乘务组为单位。

（2）关于旅客异议处理礼仪应用的实训演练。

（3）双人制练习旅客异议处理。

第五章 地面服务礼仪

导读

民航地面服务工作是航空公司服务质量体现的另一个重要窗口。地面服务始于旅客进入候机楼办理乘机手续,止于旅客进入机舱。民航地面服务,广义地说,包括航空公司、机场、代理企业为旅客、货物提供的各种服务,以及空管、航油公司、飞机维修公司等向航空公司提供的服务。狭义地说,主要是指航空公司、机场等相关机构为旅客提供的各种服务。

学习目标

1. 熟练掌握在地面服务工作过程中相对应的礼仪规范和处理问题的对策;
2. 重点熟知对重要旅客服务的相关要求;
3. 了解并掌握值机台服务异议处理的相关礼仪规范。

第一节 地面服务职业形象

民航地面服务工作是旅客登机前非常重要的一个环节,也是保障飞行安全的前提。地面服务的每一个工种,都设有一套行业规范和服务标准来衡量和提高地面服务人员的服务水准和工作质量。所以对于提高航空公司对外形象,民航地面服务人员的职业形象塑造是至关重要的。

(一) 发型塑造方面的注意事项

(1) 需要合理设置理发周期,保证发型的良好状态,因为随着头发的生长发型会发生变化,如果长期不理发则会使原来的发型"面目全非"。

(2) 在航空服务领域,服务人员的头发长度有一定的标准,女服务员留短发时,不能让头发随意披散;当女服务员留长发时,则需统一盘起,高度位于两耳上缘中间,没有碎发,做到整齐干净。

(3) 要按照职业发型梳理,不可留奇特发型,不可漂染怪异发色。

(4) 当使用发胶、发卡时,不能选用彩色类型,而要使用黑色、深棕色等颜色,另外，头发上也不能佩戴彩色装饰物，因为那样会使旅客的注意力不够集中。

（5）使用统一的发网、发夹，不可有其他饰物。

（二）妆容塑造方面的注意事项

职业妆不可浓妆艳抹，妆容要淡雅精神，口红应根据制服颜色配套选择，以自然美观、庄重典雅为宜。

（三）着装仪表方面的注意事项

（1）应根据工作岗位和职业要求，规范地选择职业着装，冬、夏季的服装不可混穿，并保持制服的干净整齐，做到无异味、无褶皱、无破损。制服纽扣要整齐扣好，不可衣衫不整或敞胸露怀。

（2）按规定佩戴工作证、工作牌及统一配发的丝巾、领带，不可佩戴其他颜色或带有个性化色彩的装饰物（见图5-1）。

图5-1　规范的着装仪表

第二节　地面贵宾服务礼仪

一、重要旅客服务

在航空服务中，重要旅客可分为两类。第一类是重要旅客，一般包括最重要旅客（Very Very Important Person）和重要旅客（Very Important Person），通常会用VVIP、VIP来进行表示。VVIP包括我国党和国家领导人，外国国家元首和政府首脑，外国国家议会议长和副议长，联合国正、副秘书长等。VIP 包括政府部长、副部长，省、自治区、直辖市党委书记、副书记，人大常委会主任、副主任；省长、副省长，自治区人民政府主席、副主席、直辖市市长、副市长和相当于这一级的党政军负责人；我国和外国大使、国际组织（包括联合国、国际民航组织）负责人，国际知名人士、著名议员、著名文学家、科学家和著名新闻界人士等；我国和外国的全国性重要群众团体负责人等。

第二类是工商界重要旅客（Commercially Important Person），简称 CIP，包括工商业、经济和金融界重要的、有影响力的人士；重要的旅游业领导人；国际空运企业组织负责人，重要的空运企业负责人和我国民航局邀请的外国空运企业负责人等。

重要旅客的身份较为特殊，因此，认真做好重要旅客的运输服务工作是空乘专业人员工作中的一项重要任务。另外，重要旅客对所处环境和服务的要求更高，并由于他们经常乘坐飞机而会对航空服务的实际情况有更加细致的了解，如果某项服务出现瑕疵，他们会在经历过后感觉出来。工作人员在为重要旅客进行服务时，并不要因为他们的身份而束缚手脚，而是要在服务中表现得更加大方以及在语言表达上更加得体，更重要的是，工作人员可以通过细致观察来了解他们的需求特征，从而向他们提供更加贴合的服务内容。工作人员要具有大方自然的心态，并在服务过程中做到思想健康、端正。

（一）重要旅客的服务特点

（1）重要旅客往往是最后上飞机而最先下飞机的，因而在登机时要对后面登机的旅客进行关注。

（2）在接待重要旅客时，航空公司需要提前对重要旅客的相关情况进行了解，比如饮食习惯、生活习惯等，从而可以为航空过程中的服务提供标准。

（3）工作人员要对重要旅客进行充分了解，能够在登机时准确进行称呼，如遇到不太了解的重要旅客时，应及时从登机牌中获取相关信息，或者在提供服务过程中通过有效沟通来获得。

（4）从原则上讲，乘务长应该亲自为重要旅客提供服务，而在一些特殊情况下，也可以安排乘务员进行服务。

（5）在对重要旅客的服务过程中，工作人员要做好保密工作，避免重要旅客的身份信息被泄露。

（6）重要旅客的登机、空中过程以及下飞机的整个过程需要专项配置，目的是最大限度地保障重要旅客的安全。

（二）向重要旅客提供服务时的注意事项

（1）工作人员不能询问以及打听与重要旅客相关的事情。

（2）在舱位管理上要足够严格，避免其他舱位的服务人员进入本舱位。

（3）当重要旅客在工作或者休息时，服务人员不能进行打扰，如果实有必要，首先需要提出申请，而后在获得允许后方可进行。

（4）一般情况下，重要旅客都会有随行人员，而乘务长要与随行人员保持联系，这样不仅能避免服务人员对重要旅客的打扰，还能及时了解重要旅客是否有新的要求，从而做好满足的准备。

二、地面机场重要旅客服务礼仪规范

（一）出港服务礼仪规范

贵宾服务要遵循以下原则：尊，尊贵境界，顶级荣耀；致，周到细致，舒适之旅。重要旅客的出港服务礼仪中包括迎宾服务、办理乘机手续、房间服务、送宾服务。其中，迎宾服务是重要旅客到达时，地面工作人员要对重要旅客的信息进行确认，并通过相关渠道将这些信息传达到信息中心，从而让每个服务环节都可以获得相关信息。

1. 地面工作人员的工作安排

（1）安排好房间让重要旅客休息，并告知房间服务人员给予足够重视。

（2）工作人员要与重要旅客或者其随行人员进行沟通，了解重要旅客的航班号，并且询问重要旅客是否有新的要求，如是否需要托运行李等，同时也要让重要旅客了解到携带行李的规定，使登机过程更加顺利。

（3）当重要旅客有行李需要托运时，工作人员需要对行李的具体情况进行核实，并在行李外部贴上标签以备进行识别（见图5-2）。

图5-2　为重要旅客安放行李

（4）地面迎宾人员需要负责重要旅客乘机手续的办理，而想要更好地完成这项工作，需要他们及时收齐相关证件，并将这些证件交给信息员。

（5）地面迎宾人员要通过与信息中心的联系获得更多信息，尤其是有新的重要旅客到达时，需要及时进行处理，并要及时返回门厅迎宾来确保每位重要旅客都能得到高质量的接待服务。

（6）当重要旅客提出新的要求时，地面迎宾人员需要进行核实，如果符合规定则需要及时提供服务满足其要求，如果与规定相悖则需要做好解释工作。

2. 地面工作人员办理乘机手续的注意事项

（1）办理乘机手续人员需要及时确认办理机票的截止时间，从而准确地为重要旅客办理乘机手续，尤其当重要旅客有要务要办时，更加需要严格对待这一程序。

（2）办理乘机手续人员要对重要旅客的相关信息进行核实，确保重要旅客能够顺畅登机。

（3）当重要旅客需要托运行李时，办理乘机手续人员需要对托运行李的内容进行核实，而后再引导重要旅客到值机柜台办理登机牌。

（4）在办理登机牌时，办理乘机手续人员需要对相关信息进行再一次确认，并要对航班号进行确认，从而为重要旅客的行程安排进行指导。

（5）待乘机手续办理完毕后，需要将此信息传达给信息中心，这样能够让其他服务环节根据这些信息做出调整。

3. 为旅客安排好房间后的注意事项

（1）需要及时通知房间服务员打开房门，并按照相关礼仪迎接重要旅客入住。

（2）当重要旅客进入房间后，房间服务人员要主动向其介绍所能提供的服务内容，并在旅客需要某项服务时能够及时通知服务方做出准备（见图5-3）。

图5-3　迎宾人员贵宾服务日常练习

（3）在重要旅客进行登机的过程中，房间服务人员要引领旅客乘坐专用的贵宾接待车，并将重要旅客的登机信息告知驾驶员，而为了确保信息的准确性，房间服务人员要通过让驾驶人员进行复述的方式进行信息确认，从而让重要旅客可以及时、准确地登上飞机。

（4）当重要旅客乘坐贵宾接待车时，服务人员要通过语言提示让贵宾接待车正常起步与停止，从而避免意外情况的出现。

（5）当重要旅客到达登机处时，服务人员要负责将登机牌交到检票口，而值机人员需要在确认信息后在《贵宾服务工作单》上签字，代表着对重要旅客的服务工作完成了交接，如果重要旅客的等级达到VIP标准，则还需要乘务员进行签字。

（6）当重要旅客需要返回贵宾服务中心时，工作人员则需要将《贵宾服务工作单》与临时证件交给信息员。

（7）当重要旅客离开房间后，房间服务员需要对房间进行打扫，在达到"OK 房间标准"后则可以锁好房门等待下一位重要旅客的光临。

（二）进港服务礼仪规范

（1）在飞机即将到达目的地时，信息中心应通知相关部门做好接机准备工作。

（2）地面工作人员要根据《贵宾服务工作单》上的信息安排贵宾接待车，并要通过与车辆驾驶员的多次确认来保证车辆能够准确抵达。

（3）地面工作人员要每隔 5 分钟与信息中心进行联系，目的是获取最新的停机信息，因为某些因素可能会使停机信息发生变化；地面工作人员在接待重要旅客时，需要根据《贵宾服务工作单》完成交接工作，如果达到 VIP 标准，则需要乘务员的签字确认。

（4）当重要旅客有行李托运时，地面工作人员需要在取得他们同意后取下行李，并且根据登记信息进行确认。

（5）当旅客人数较多时，需要进行人数与身份的确认，从而避免出现遗漏。

（6）当重要旅客使用临时证件时，地面工作人员需要在接机时将临时证件交给信息中心。

第三节　地面值机礼仪

一、候机楼值机服务礼仪规范

在旅客登上飞机之前需要与值机人员进行接触，值机人员的礼仪表现会影响到旅客对航空公司的印象，虽然接触时间并不长，但在这段时间内值机人员需要用最好的表现来迎接旅客。另外，值机人员除了要提升礼仪水平外，还需要负责一些与飞行安全相关的工作，而这必然要求值机人员具有极高的责任心，并且能够合理调节烦琐工作与礼仪规范之间的关系，其目的是避免因工作烦琐而影响到礼仪表现。

（一）语言

值机人员在语言表达上要达到以下要求。

（1）要使用标准的普通话，不能使用地方方言进行表达。

（2）要使用礼貌用语，并根据旅客身份的不同而采用对应的敬语。例如旅客是年纪较大的老者时，需要在表达上传达出"尊老"之意，如"老先生""老爷爷""老奶奶"等。

（3）在表达上要注意语气与语速，语气要足够亲切自然，让乘客感觉如沐春风，而在语速上要适中，目的是让旅客充分了解相关信息，并且当旅客提出疑问时要进行耐心解答，避免出现急躁情绪。

（二）迎送旅客

在旅客登机过程中，值机人员需要对每位旅客表达出关注。如使用"您好""祝您一路顺风"等语言来让每位旅客感觉到顺心舒畅,并同时要用温暖友好的眼神给予旅客温暖的感觉。不同旅客可能会在身份、地位等方面存在差异,而对于值机人员来说,应该采取一视同仁的态度,不能因为旅客的身份不同而态度不同,更不能在言语表达上有失妥当。如值机人员在对待残疾人员时,除了要积极进行帮助外,还需要注意保护他们的尊严与隐私,而想要达到这样的目的,就需要根据不同旅客采取对应的特殊服务。

从"顾客是上帝"的角度来分析,值机人员在问候旅客时可以采用"××先生""××女士"等方式,这样可以充分满足旅客渴望得到尊重的需求。当旅客因某些问题而提出疑问甚至出现不友好的态度时,值机人员不能在言语上与旅客争辩,更不能对旅客进行谩骂以及人身攻击,而应该在保证自身安全的前提下尽量避让,并用礼貌用语来让旅客平心静气。引起旅客不悦是航空服务中的大忌,而造成这种情况的原因有语言表达不礼貌、态度不够良好、对于旅客需求不够重视、服务过程中存在扯皮推诿现象、工作效率低下等。

(三)行为举止

值机人员在行为举止方面要遵循"适度"原则,既不能太过高调,也不能卑躬屈膝,要做到动作自然、行为规范,在向旅客传达出礼貌之意的同时,也要让旅客感受到值机人员服务的专业性。值机人员要学会随时保持微笑,并且具有调整情绪与心态的能力,尤其是在遇到一些意外情况时,可以迅速从中解脱出来,进而在接待旅客时保持正常的状态。

值机人员要保持自信与积极向上的心态,要主动与旅客进行视线接触,而不是躲躲闪闪或者眼神没有焦点;当值机人员与旅客视线相交时,应能根据旅客的眼神做出相应反应,如有的旅客可能会在语言表达方面有所阻碍,而此时值机人员则应该主动打招呼,这样不仅能够解决旅客的一些困难,同时也能让旅客对航空服务提升好感。

在很多情况下,值机人员所面对的是行色匆匆的旅客,而在旅客走近值机人员时,值机人员应该利用好目光,如在向某一位旅客进行应答时,能用目光对旅客表达问候,从而让旅客能从值机人员的目光中感受到热情(见图5-4)。

图5-4　引领旅客值机

在工作时间内，值机人员要保持行为规范，不能有任何不讲卫生的行为出现，如随地吐痰、乱扔垃圾等，并且值机人员之间要保持庄重，不能存在追逐打闹、高声喧哗等行为，这样会极大影响旅客对值机人员的印象。

另外，当值机工作开始后，值机人员要杜绝一切小动作，如不顾形象地打哈欠、伸懒腰、做鬼脸、掏耳朵、挖鼻孔、剪指甲等，尤其是直接面对旅客时，值机人员要随时保持应有的礼仪规范。有的值机人员会将一些习惯性动作带到工作中，如吹口哨、打响指、照镜子等，而这些行为会使值机人员的形象大打折扣，因此航空公司必须制定严格的规章制度进行管理。

值机人员在工作时可能会遇到熟人，而在此时，值机人员除了向熟人表达礼貌问候外，不应该再与其进行与工作无关的交谈；当值机人员因为私事需要进行处理时，应该以不影响工作正常进行为原则，并要对处理私事的时间进行限制，一般不应超过五分钟，而在接听私人电话时，这一时间会限制在三分钟以内；值机人员需要离开工作岗位时，必须向上级领导提出申请，并在得到批准以及安排其他人进行顶替时方能离开，而不能私自让自己的朋友代自己进行工作；值机人员要保持头脑清醒及行为规范，在上班前不能饮酒，并且为了保证值机人员口气清新，不能食用大蒜、醋等具有刺激性气味的食品或调味品；值机人员要具有良好的用餐习惯，不能在工作时间内用餐或者吃零食，即使是吃口香糖也不被允许；值机人员不能在工作时间玩手机游戏以及做一些与工作无关的事情，并且应该将手机设置成静音或震动状态，从而避免因手机铃声而影响服务效果。

二、值机台服务异议处理中的礼仪规范

（一）值机台服务异议产生的原因

在值机台服务的过程中，会因为多种原因引起旅客的投诉，甚至会因为不能满足旅客的要求而引起冲突。在对造成投诉和冲突的原因进行分析时，主要是从主观与客观两个角度进行分析：主观原因主要是因为值机人员的服务态度所导致，如有的值机人员对旅客不够尊重、不够热情以及不够主动等，从而造成服务质量下滑；客观原因包括旅客买不到机票、因某些不可抗力造成航班延误甚至取消等。客观原因是很难控制的，而主观原因却可以通过相关措施进行改善。

通过调查发现，值机人员的以下行为容易让旅客心生抱怨。

（1）值机人员的态度冷漠。当旅客进行咨询时，值机人员的态度不够热情，这样会使旅客的咨询愿望受到遏制。

（2）值机人员对于旅客提出的咨询要求不够重视，而是通过应付的方式对待旅客，从而使旅客的需求得不到满足。

（3）值机人员因为旅客需求较为复杂而表现出生厌之情，并且会因为旅客频繁提出要求而更加不耐烦。

（4）值机人员在对待旅客时采用的是居高临下的态度，而这样会使旅客在咨询时产生

畏缩心理，尤其在遇到一些脾气暴躁的旅客时会引发冲突。

（5）值机人员在工作时不懂得变通，一味按照相关规定提供服务，而这样的工作习惯会使值机人员更加懒惰，不能通过主动思考来帮助旅客解决面对的问题。

（6）值机人员的互相推诿造成旅客"跑来跑去"，不仅浪费了旅客的宝贵时间，也让旅客的问题得不到及时解决。

（二）旅客异议处理原则及技巧

在处理旅客异议时，要遵循"先处理旅客心情，再处理旅客事情"的原则，而之所以如此主要与以下因素有关。

（1）从旅客的角度分析，出现异议主要是旅客在要求得不到满足时想要进行发泄、谋求尊重或者寻求补偿，而造成"不满足"的原因更多的不是服务质量太差，而是由于旅客当时的心情不够良好，如有的旅客会因为生活琐事而心生烦躁，如果值机人员提供服务时不够迅速，则会进一步激化旅客的烦躁感，因此在处理异议时首先要注意调节旅客的心情。

（2）从值机人员的角度分析，当处理异议时需要得到旅客的配合，如果旅客的情绪不够稳定，则会影响处理异议的效果，因此需要通过安抚旅客情绪来让他们配合值机人员对异议进行处理。

对于航空公司来说，旅客的抱怨与指责是暴露经营问题的重要途径，因此航空公司需要高度重视旅客的抱怨和指责。通过相关调查发现，当一名旅客对航空服务表现出不满时，虽然从表面来看航空公司的损失集中于这一名旅客身上，但实际上该名旅客会向十个人诉说自己的不满，因而实际损失会成为十一名旅客。所以，航空公司在遇到旅客异议时，需要采取有效的方式进行解决，并且应在处理过程中不断提升服务水平。

在处理旅客异议时，应采用以下行为方式。

（1）值机人员要对旅客进行充分理解，尤其是要对旅客之间的个体差异给予足够尊重，如有的旅客因为年纪较大而对网络订票不够熟悉，因而可能会在网络订票过程中出现一些问题，而当这些问题上升为异议时，值机人员需要对发生问题的原因进行了解，并不能因此而对购票人进行指责。

（2）值机人员要对旅客的心情进行调节，要尽量让旅客保持愉悦的心情，而不是与旅客剑拔弩张、针锋相对。

（3）值机人员在面对旅客投诉时要保持语气平和，并要为旅客留足时间来发泄不满情绪。

（4）在旅客发泄不满情绪过程中，值机人员要认真倾听，并通过记录的方式让旅客获得被重视的感觉。另外，值机人员也要对旅客的遭遇表示理解与同情，而这样对问题的解决会有很大帮助。

（5）处理异议时要体现出紧迫感，从而让旅客感觉到航空公司对自己的问题的重视程度。

（6）当旅客异议是因服务内容存在错误而引起时，值机人员应该主动向旅客表达歉意,并通过积极协助来寻求旅客的谅解。

(7)在旅客进行投诉时,值机人员要敢于直接面对,而不是在推诿扯皮中贻误时间。

(8)值机人员在处理异议时,可以站在与旅客同等的高度上一起寻找解决之法,这样能够让旅客对处理结果更加信任,进而促进工作的开展。

(9)当旅客异议超出值机人员的处理范围或者难以独自处理时,则需要及时向上级请示或者找到相关部门进行处理。

(10)值机人员需要向旅客明示处理异议需要的时间,从而让旅客在心理上做好准备。

(11)相关监管人员要对异议处理进程进行监督,并通过有效督促提升处理效率。

(12)异议处理过程要有始有终,并且要给予旅客适当补偿让旅客获得心理平衡,而且要对提出异议的旅客进行致谢,感谢他们对航空服务的支持。

(13)当旅客提出异议时,如果该异议超出值机人员的工作范围,值机人员也需要代表公司接收旅客的投诉,而不是将旅客拒之门外。

第四节 问询礼仪

一、问询服务的分类

问询服务中主要包括服务提供、服务提供方式、服务柜台的设置位置三个类别,其中,在服务提供方面包括航空公司问询、机场问询、联合问询,在服务提供方式方面包括现场问询与电话问询,在服务柜台的设置位置方面包括隔离区外的问询与隔离区内的问询。

二、问询服务的礼仪规范

(一)首问责任制

当旅客进行求助时,所接触到的第一位工作人员有责任向旅客提供正确的帮助,如果不能保证提供正确的帮助,则需要将旅客引导至更加专业的服务人员那里。首问责任制是保证旅客第一时间获得正确有效信息的重要基础,而想要使这一机制得到贯彻落实,则需要提升工作人员素质以及建立切实可行的服务体系。

(二)候机楼问询服务

旅客在登机之前需要经过候机楼,而在这里旅客能够了解到多种多样的与航空有关的信息,如航班信息、机场交通信息、托运信息等,从而让旅客根据自身情况做出相应选择。另外,候机楼中还为旅客提供了相关设施,目的是让旅客在等待登机的过程中获得更好的服务。候机楼中也会设置问询服务台,旅客可以在遇到问题或者麻烦时到服务台进行咨询,从而使问题和麻烦得到更好的解决。从这一层面分析,候机楼中的问询服务台是必不可缺的,并在运行中受到了旅客的热切欢迎。

候机楼问询服务的礼仪要求具体如下。

(1)使用规范的手势。工作人员在向旅客提供相关服务时,所使用的手势要足够规范,做到手臂自然摆动,五指并拢且保持柔和,在进行指引时,目光要与手指方向相一致,同时在语言表达上要做到礼貌、详细、准确(见图5-5)。

图5-5 问询服务指引

(2)当旅客向工作人员寻求咨询时,工作人员要在行为姿态上传达出尊重之意,如当工作人员需要旅客提供机票、证件等物品时,应该起身站立,并用双手接过这些物品,而在使用完毕后再用双手递给旅客。

(3)工作人员要具备使用普通话进行表达的能力,并且在为旅客提供相关服务时要使用文明用语,从而保证旅客得到充分尊重。另外,当旅客问询时应主动进行表达,而当旅客问询完毕离开时要主动进行送别。在服务过程中,工作人员要始终面带微笑并以平和的目光面对旅客。当旅客进行咨询时,如果工作人员正在工作或正向其他旅客提供服务,则应该向旅客表达歉意,并根据实际情况来对旅客做出简短的指引,而在完成工作后应该立即向旅客提供帮助。

(4)工作人员所要面对的旅客是很多的,而不管面对怎样的旅客,工作人员都要保持正常的表达方式。如语调上要平和自然,语速上要适中,尤其是在遇到一些性格较为急躁或者急于解决问题的旅客时,工作人员要保持足够的耐心,并通过亲切交谈来帮助旅客解决问题。工作人员的回答内容要保证真实准确,并尽量减少"不知道""没有""不行"等表达,因为这样会让旅客对问询失去信心,但是这并不意味着工作人员要"大包大揽",以及在回答时因为难以提供准确信息而支吾搪塞,从而浪费旅客的宝贵时间。

(5)当旅客进行咨询时,工作人员要保持精神专注,目的是充分、准确地理解旅客所面临的问题,而当工作人员没有理解时,首先应该向旅客提出问询要求,然后在征得旅客同意后方可提出自己的疑问。

（6）当工作人员被咨询时，应该充分遵循首问责任制原则，而不能因为其他原因进行推诿，从而让旅客所遇到的问题得不到及时解决。

（7）当工作人员与旅客进行接触时，不能表现得漫不经心，而是要保持精神集中，并且在交谈中保持平视以及适当的距离。

（8）旅客所遇到的问题五花八门，而工作人员在进行解答时，需要表现出足够的热情与耐心，从而保证向旅客提供细致入微的服务。而在遇到一些较为复杂的问题时，工作人员应遵循"善始善终"的原则，从而保证旅客的问题能够得到妥善解决，而这样也能尽可能减少旅客投诉的出现。

（9）因航空公司的原因而造成旅客利益受到损失时，工作人员要向旅客致以深切的歉意，而后充分发挥自己的能力来帮助旅客解决问题，如果所提供的服务不能达到旅客要求时，工作人员要耐心向旅客说明原因。

（三）服务用语规范要求

工作人员要充分掌握"十四字"礼貌用语，具体为"您""您好""谢谢""对不起""请""不客气""再见"，并且要在具体服务过程中积极使用。当旅客进行问询时，工作人员要使用问候语主动打招呼，除了常用的"您好"外，还可以使用"早上好""上午好""下午好""晚上好"等，而在遇到某些节日时，可以使用"新年好""节日好"等问候语。在问候完毕后，则接着问："请问您需要什么帮助"或者"我有什么可以帮到您"，从而让旅客获得更好的表达语境。当工作人员没有听清旅客的表达时，可以使用"对不起，请您说慢一点"来让旅客重新进行表达。当旅客咨询航班信息时，如果航班到达时间不能确定，则需要向旅客解释清楚，如可以说："对不起，您的航班还没有准确的到达时间，请您稍后再问。"如果不能及时进行解答，可以说："对不起，您咨询的信息我需要向其他部门了解，请您稍等。"如果旅客咨询的问题与服务台业务不相符合时，可以说："对不起，请您到××地点进行咨询。"

思考与练习

1．问答题

（1）贵宾接待礼仪包括哪些内容？

（2）旅客异议产生的原因有哪些？

（3）候机楼值机人员礼仪规范包括哪些方面？

2．练习题

（1）安排学员到值机台进行实践锻炼，明确旅客登机程序以及这一过程中的礼仪规范。

（2）安排学员到候机楼 VIP 服务中心进行礼仪规范练习，包括 VIP 休息室、咖啡厅等场所。

（3）安排学员到值机台演练处理旅客异议的方式。

拓 展 篇

第六章 社交礼仪

导读

民航服务人员在日常的社会交往中,也要时刻注意自己的言行举止,各种场合下礼仪的规范运用,不仅是个人修养的体现,更能够彰显出一个民族的综合素养和综合实力。本章的社交礼仪主要从交往、宴请、公共、电话几个方面让大家了解和掌握社交礼仪的内容和规范。

学习目标

1. 掌握交往、宴请、公共、电话礼仪的基本规范;
2. 社会交往中能够灵活运用基本礼仪规范。

第一节 交往礼仪

在当今社会工作中,广泛的社交活动是事业成功的必要条件。民航服务人员在开展工作前要了解社交过程中的礼貌、礼仪、礼节,才能顺利地开展服务工作和为旅客提供优质的服务。在人与人的交往过程中,交往礼仪成为人们社会生活及工作中不可或缺的礼节。交往时的礼仪,是给交往对象的最初印象,优雅的礼仪有助于彼此之间建立良好的人际关系,因此,交往礼仪是人际交往中必备的技能。

一、致意礼仪

(一)致意礼仪的要求

致意的基本规则是职位低者先向职位高者致意,晚辈先向长辈致意,男士先向女士致意。当然,在实际交往过程中不能拘泥于以上的原则。作为领导、长辈,若主动向下属、晚辈致意会给人一种平易近人的印象。遇到对方向自己致意,应马上致意回敬对方,视而不见是傲慢无礼的行为表现。向对方致意时的距离不宜太远,应在对方的正面致意,可以伴之"您好""早上好"等问候语来增加亲切感。

（二）致意礼仪的形式

致意礼仪的形式可分为微笑致意、打招呼致意、点头致意、挥手致意、鞠躬致意、脱帽致意。在与初次见面者或老朋友致意时可以微笑致意；在彼此近距离时可以打招呼致意；在一些不宜交谈的场合应点头致意，点头者应看着对方，面带微笑；在向距离较远者致意时，一般不需出声，可以抬起右臂，掌心朝向对方挥几下手即可（见图6-1）；鞠躬致意表示对他人的恭敬，具体方法是身体上部向前倾15°以内，缓慢鞠躬；若戴帽与熟人见面时，应以脱帽致意最为合适。以上的几种致意形式，可以同时使用两种或两种以上，如点头与微笑、鞠躬与脱帽并用等，来向对方表达友善的致意。

二、握手礼仪

图6-1　挥手与微笑致意礼

握手礼仪是人们在社交中使用频率最高、适用范围最广的礼仪。例如，人们在问候、祝贺、表示友好时常常会使用握手礼仪。按照国际惯例，握手礼仪有一套完整的礼节要求。

（一）握手的姿势

行握手礼仪时，双方距离应在一步左右，两足立正，上身前倾，面带微笑，正视对方，右臂向下方伸出，拇指张开，四指并拢，虎口相交，自然地握住对方的手（见图6-2）。

图6-2　握手姿势

（二）握手的顺序

在交际场合与多人握手时，应采取先后顺序进行握手，通常"由尊而卑"，即先上级后下级、先长辈后晚辈、先老师后学生、先女士后男士，应是下级、晚辈、学生、男士先问候对方后，待上级、长辈、老师、女士伸手后再回握。

若双方身份相称，则谁先伸手，谁更有礼貌。当有客人来访时，主人应先伸手，以示欢迎；客人告辞时，客人应先伸手，以示对主人热情款待的感谢。

（三）握手的时间

一般握手时间以三秒左右为好，时间过短，不能表达双方的感情，显得敷衍了事；时间过长，会显得虚情假意或别有用心，使人局促不安。特殊情况下，如果要表达自己的真诚，也可稍长时间握手，并上下轻轻摇晃几下。

（四）握手的力度

握手时的力度要适度，要有力，但不要过于用力，握得太轻了，显得太敷衍；握得太重了，显得太粗鲁。握手的正确做法是用手掌和手指自然地握住对方的手，然后上下轻轻晃动几下。女士在握手时，要大方地伸手去握，不要把手软绵绵地递过去，显得不情愿或扭扭捏捏的样子（见图6-3）。

图6-3 握手的力度

（五）握手的禁忌

当与多人同时握手时，要避免交叉握手，应按顺序依次来握，与每个人的握手时间应大致相等，握手时间过长或过短，都有失礼仪；不要用左手，即使自己是左撇子，若特殊情况不能用右手相握时，应向对方表示歉意；不要戴着手套、帽子、墨镜与他人握手，只有女士在特殊场合可以带着礼服手套与他人握手，不为失礼；在握手时，心不在焉或目光游离是非常失礼的行为，应注视对方，面带微笑进行握手。

三、介绍礼仪

介绍是人与人之间的引见并使双方或者多方相识的活动方式，它是双方开始交往的起点。介绍有多种多样的方式，按社交场合分，有正式介绍和非正式介绍；按介绍者来分，有自我介绍、他人介绍和介绍他人等。在不同场合下,介绍礼仪也有所差别。

(一) 自我介绍

在自我介绍时,应先向对方点头致意,在得到对方回应后再向对方介绍自己的姓名、工作单位等基本信息,有名片的话可以递上自己的名片;在自我介绍时表情要自然、亲切,眼睛要注视对方,举止要自然大方;介绍的内容要简洁明了,讲述的语速要适当,一般介绍时间为半分钟左右为宜,若特殊情况也尽量不超过一分钟。

(二) 居中介绍

居中介绍是把一个人引见给其他人相识的过程,也称为他人介绍。主动为他人做介绍,可以增加自己在朋友中的影响力。充当居中介绍的人一般是公关人员、东道主或者与被介绍人双方都相识的人。在居中介绍时应该注意以下几方面。

1. 介绍的顺序

介绍的顺序一般按尊者居后的原则,将职位低的人介绍给职位高的人,将客人介绍给主人,将晚辈介绍给长辈;如果是商业性介绍,一般不分男女,将身份低的介绍给身份高的。

2. 介绍的姿态

在居中介绍时,介绍者应以端庄文雅的姿态,语气平和地进行介绍。例如,介绍者在介绍时应抬起手臂,五指并拢伸直,掌心稍向上倾斜,指向被介绍者,眼神要随着手势注视被介绍者(见图6-4)。

图6-4 居中介绍礼仪

3. 介绍的内容

在介绍时,介绍者先向双方打招呼,使双方有心理准备;介绍语要简单明了,使用敬语,最好把姓名与单位、职务用一句话说清楚,不要过多介绍无关事项。例如,"王先生,这位是我们公司的赵卫国经理"。

（三）集体介绍

集体介绍分为单项介绍和多项介绍。单项介绍是指被介绍的双方中一方为一个人，而另一方为多人集体，单项介绍时首先应向大家介绍单人，然后再按照次序把多人介绍给单人，如果是做演讲，可以只介绍主角。多项介绍是指被介绍的双方都是多人组成的集体，在介绍时，人少的一方应先介绍，按在场职务的高低，由高而低进行介绍；然后人多的一方再依次介绍，但是若被介绍者之间的地位存在明显差异时，则身份尊贵的一方即使人数较少，也应放在后面介绍。

四、接待礼仪

（一）空间礼仪

空间礼仪产生于人类对空间领域的占有欲和安全感。它是指在人与人之间的交往过程中，会无形中感受到彼此之间应该有的距离，从而在交谈时自然而然地保持在相对舒适的距离范围内。

（二）空间区域的划分

空间区域可分为亲密距离、社交距离、礼仪距离、公共距离四种。

1. 亲密距离

亲密距离为 0~0.5 米，通常是恋人、夫妻、父母子女以及至爱的亲朋之间的亲密交往距离。亲密距离又分为近位和远位两种，近位亲密距离为 0~15 厘米，在这个空间内，人们会产生多种亲密情感，能互相感受到对方的气息。一般恋人之间希望处在这样的空间，能使双方有幸福感；远位亲密距离为 15~50 厘米，这是一个可以手挽手、肩并肩的空间，人们可以在这个空间里尽情地谈论，互相诉说自己的私事。

2. 社交距离

社交距离为 0.5~1.5 米，在这种距离中，人们能给双方足够的空间，具有一定的开放性。在与朋友、同事之间交谈时保持这样的距离，可以使自身有种安全感和亲切感。

3. 礼仪距离

礼仪距离为 1.5~3 米，一般这种距离多采用于商业、国事等社交场合。人们也可以在这一距离中向上级领导、朋友、同事打招呼。

4. 公共距离

公共距离为 3 米之外的距离，处于这一距离的双方尽量不要大喊，在人多的公共场合中，大喊大叫是非常失礼的行为，见到熟人只需点头或者挥手致意即可。

（三）影响空间区域划分的因素

不同的人对所需个体空间的范围不同，即使同一个人处于不同心理状态下对所需个体空间也会有所变化。交往空间有较大的伸缩性，影响空间区域划分的主要因素有文化背景或民族差异的影响、社会地位和年龄差异的影响、性格差异的影响、性别差异的影响、交往场景和情绪状态差异的影响等。

1. 文化背景或民族差异的影响

实践研究表明,不同国家的人与人交往之间的距离也有所差异。例如,法国等一些欧洲国家的人在见面交谈时,通常保持较近的距离,甚至能感受到对方的呼吸;而英国人在交谈时会保持一定的距离,太近的距离会让他们感到不安。

2. 社会地位和年龄差异的影响

社会地位尊贵的人物或领导通常会下意识地与下属保持一定的距离,不习惯对方紧靠着他说话。同样,存在年龄差异较大的人们在谈话时,人们会缩小这种距离感。例如,抚摸小孩子的头和脸,这不会使人产生一种距离感,而发生在成年人的同龄人之间就会显得粗俗无礼。

3. 性格差异的影响

性格开朗的人更喜欢接近和靠近别人,与他人交流时更显得自然,他们的个体空间相对较小,在生活工作中,容易与他人建立良好的社会关系。而性格内向的人却不愿主动与别人近距离地接触,容易把自己局限在一个狭小的空间内,当靠近别人时内心十分敏感,会产生一种焦虑感和不适感。

4. 性别差异的影响

一般情况下,女生较男生相会时站得近。女生喜欢靠在她喜欢的人的旁边,而男生会选择坐在他喜欢的人的对面。女生比较反感陌生人坐在自己的旁边,把坐在旁边的陌生人视为有意识的侵犯;而男生不喜欢陌生人坐在自己的对面,会把坐在对面的陌生人视为竞争的威胁。

5. 交往场景和情绪状态差异的影响

人们在心情愉悦时,个体空间会相对缩小,允许别人靠得近些。而若自己生气或不开心时,个体空间会非理性地扩张,甚至把亲朋好友拒之门外。如果在拥挤的社交场合,如演唱会、聚会时,人们无法考虑自身的空间需要,而较容易与别人近距离接触。而若在空旷的社交场合,个体空间会自然地扩大,当别人无理由地靠近时,便会产生不自然的感觉。

五、引导礼仪

在接待过程中,对于引导礼仪方面,人们处在不同的场所,面临不同的情况下,需要根据不同的情况合理对待。

(一)行进时

在正常道路的行进中,引导者应走在被引导者左前方 1.2 米左右,身体侧向被引导者,在开始行走时要伸手指示。行走两三步时,双手可自然垂放于两侧。行走中,路遇特殊情况要及时伸出手给予提示,如拐弯处、台阶处及其他障碍处等。另外,引导者行走时要保持一定的速度，不要时快时慢，还要顾及被引导者的步速，不要一味地只顾自己行走（见图6-5）。

图6-5 引领

（二）上下楼梯时

在上下楼梯时的引导工作中，应遵守"安全第一、尊卑有序"的原则，在上下楼梯时，应靠右单行，不应并排行走；在引导带路时，应走在前面；在上下楼梯时，不宜长时间地交谈、停留，尤其不要站在楼梯口或转角处，不要阻碍别人行走；在上下楼梯时要保持一定的距离，不可紧挨并行，以防发生碰撞等意外，还要控制行走速度，缓慢行走；在上下楼梯时，不能推挤他人，更不可快速奔跑，应时刻注意安全。

（三）出入电梯时

在负责引导陪同时，经常会出入电梯，引导者应注意规范自己的行为礼仪，不要疏忽大意，在搭乘电梯时，要遵守"先下后上、先来后到"的原则，电梯停下时应由里而外依次而出；在与尊长、领导、女士、来宾等同乘电梯时，先让尊长、领导、女士、来宾等先进先出；在乘坐电梯时，一定要注意安全，如乘坐电梯人很多，切记不可强行挤入，在电梯提示超载时，要耐心等待；如电梯发生故障或停电暂停时，不要慌乱，更不可攀爬，应静心等待救援。

（四）进出房间时

在引导陪同出入房间时，应注意规范自己的行为礼仪，以免冒犯他人。在出入房间时，应该用手轻开、轻关房门，不可用身体其他部位关门，如用肩、脚、肘、膝盖等部位推门，这都是非常不文明的表现，会显得特别没有礼貌；出入房门时要注意自己的面向，进门时，如房内有人，应始终面向对方，切勿反身关门，背向对方；出门时，如房内依然有人，则关门时尽量面向房内之人。

进出门时还应注意进出顺序，一般由尊长、领导、来宾率先进入房间，并率先走出房间，必要时主动替对方开门、关门；若在进、出人相逢时，应遵守先出后进的行为规范，倘若对方为尊长、女士等，要特殊情况特殊对待，可优先让对方通过。

（五）通过走廊

许多房间往往由不同长度、不同宽窄的走廊连接在一起，可分为室内走廊和室外走廊，其步行礼仪却大致相近。在走廊行走时，如遇到较窄的走廊时，尽量不要并排行走，以免阻挡别人，如走廊较为宽敞时，也不应多人并行；在通过走廊时，要靠右行走，如果走廊特别狭窄，则应侧身让位，让对方先行；在通过走廊时，要缓步而行，不可快速奔跑、大声喧哗，以免干扰他人；在通过走廊时，要依次而行，而随意行走、随意插队，则是非常失礼的行为。

第二节 宴请礼仪

宴请和聚会也是人们在日常交往中最为普遍性的一种形式。这种形式可以让我们结识朋友，加深友谊，并且内容和形式比较灵活多样，也一直深受大家喜爱。本节主要介绍以茶待客、中餐宴会、西餐宴会的礼仪规范。

一、茶之礼

中国首创的"茶德"观念在唐宋时期传入日本和朝鲜后，产生了巨大影响并得到发展。唐代刘贞亮的《茶十德》中对茶是这样描述的："以茶散闷气，以茶驱腥气，以茶养生气，以茶除病气，以茶利礼仁，以茶表敬意，以茶尝滋味，以茶养身体，以茶可雅志，以茶可行道。"这其中包括了人的品德修养，并上升到和敬待人的高度。如今在人与人待客交往的过程中，"待客不可无茶"早已成为礼仪文化中不可缺少的一部分。

（一）茶文化

在中国文化发展史上，往往是把一切与农业、与植物相关事物的起源最终都归结于炎帝神农氏。"茶之为饮，发乎神农氏。"从这时开始就有了茶的相关记载。

中国茶文化从清朝开始更加深入发展，茶与人们的日常生活紧密结合起来。例如清末民初，城市茶馆兴起，并发展成为适合社会各阶层所需的活动场所，它把茶与曲艺、诗会、戏剧和灯谜等民间文化活动融合起来，形成了一种特殊的"茶馆文化"，"客来敬茶"也已成为普通人家的礼仪美德。

概括地说，"茶文化"是人类在社会历史发展过程中所创造的有关茶的物质财富和精神财富的总和。由于茶叶制作技术的发展，清朝基本形成现今的六大茶类，除最初的绿茶之外，出现了白茶、黄茶、红茶、黑茶、青茶（乌龙茶）。茶类的增多，泡茶技艺的差别，再加上中国地域和民族的差异，使茶文化的表现形式更加丰富多彩。综观中国茶文化形成和发展的历程，我们可以看到，茶文化内涵极为丰富。

茶文化的结构体系包括有关茶的物质文化、制度文化和精神文化三个层次，茶文化的物质形态表现为茶的历史文物、遗迹、茶诗词、茶书画、茶歌舞、各种名优茶、茶馆、茶具、饮茶技艺和茶艺表演等；茶文化精神形态表现为茶德、茶道精神、以茶待客、以茶养廉、以茶养性、茶禅一味等；此外，还有介于中间状态的表现形式，如茶政、茶法、茶礼规、茶习俗等属制度文化范畴的内容。

据《神农本草经》记载，"神农尝百草，日遇七十二毒，得茶而解之。"表明茶叶为药用之始；到东周记载的"食脱粟之饭，炙三弋五卵，茗茶而已"，表明茶叶已作为菜肴汤料供人食用；再到东汉末年、三国时代的医学家华佗《食论》中提出了"苦荼久食，益意思"，第一次记述了茶叶的药理功效。三国史书《三国志》中记载"密赐茶荈以代酒"，成了"以茶代酒"最早的印证。隋朝时，茶的饮用逐渐在社会上层普及，茶逐渐由药用演变成社交饮品。唐朝的繁荣发展使茶作为饮品扩大普及，从社会的上层走向全民，并开始了茶种植和专用茶具的出现。宋朝《大观茶论》中的相关记载表明，我国开始以帝王之尊倡导茶学，弘扬茶文化。

（二）茶的作用

茶作为人际交往中的一种物品，起着极其重要的媒介作用。随着饮茶之风的兴起，我国古代很早就懂得"客来敬茶，以茶助兴"的方法。宋朝杜来在《寒夜》中也有过这样的描述："寒夜客来茶当酒，竹炉汤沸火初红。"古人在人际交往中逐渐形成了以茶代礼、以茶联姻、以茶解怨、以茶养生的礼俗。

1. 以茶代礼

以茶代礼的礼俗唐朝最盛。人们将茶作为雅尚佳礼，寄赠文友或亲友，以求超凡脱俗、清新淡雅，并通过寄、收茶叶中觅得一份人间真情。

以茶代礼，不但民间有之，皇宫深院也不例外。自唐朝始，历代皇帝都会以贡茶作为礼品赐给宠臣或外国使臣，以示关怀。以茶代礼的礼俗在现代生活中仍被人们所喜爱，毛泽东主席和周恩来总理生前都喜欢以茶待客，以示对客人的尊重。

2. 以茶联姻

从古至今，茶既可用来款待宾客、馈赠亲友，也可作为定情的信物来传情达意。如四川等地就有男女定亲以茶联姻的礼俗。因为古代民间有"凡种茶树必下子，移植则不生，故聘妇必以茶为礼"的说法，所以，百姓认为"吃了哪家的茶就是哪家的人"，进而把茶看作一种矢志不移和"必定有子"的象征。不仅如此，有些地区还将婚姻礼仪称为"三茶之礼"，即订婚时叫"下茶"，女方收聘礼时叫"受茶"，结婚同房时叫"合茶"。西藏人结婚时，以茶为聘、为饮，在结婚之际，男家要以大量的茶叶来招待客人，熬用的茶要红艳，象征婚姻美满幸福，表示婚后夫妇感情一定很好。在《红楼梦》中，王熙凤送了两瓶新茶给林黛玉，并语带双关调笑道："你既吃了我们家的茶，怎么还不给我们家做媳妇？"

3. 以茶解怨

由于茶具有去火清神、平息肝火等药物作用，故在我国南方一些地区流行一种以茶解怨的礼俗。倘若双方有了矛盾纠纷，则会请来一位德高望重的长者调解评议。其间先端上清茶，请双方喝之，以求肝火渐平，然后再心平气和地讲理、调解、评判，直至"亦有不平事，尽从毛孔散"，纠纷得以圆满解决，最后由输方支付茶钱了事。

4. 以茶养生

从药效功能上来说，茶对于抗癌、抑制动脉硬化、抑制体内胆固醇升高、防辐射损伤等都具有很强的保健作用。医学研究表明，茶叶中的茶碱除抗哮喘作用明显外，还可通过抑制肥大细胞和嗜碱粒细胞释放组胺，具有一定的抗炎作用；此外，茶还有舒张冠状动脉、外周血管、胆管，增加心肌收缩力以及微弱的利尿作用。但茶也不是所有人都适合饮用的，患有胃病、便秘、骨折、痛风、神经衰弱、失眠等疾病的人不宜饮茶，还有正在服药中的病人也同样不宜饮茶。

（三）茶的分类

茶叶按照不同的划分标准有着不同的分类，例如，按照发酵程度可以分为不发酵茶、半发酵茶、全发酵茶和后发酵茶；而被大家所熟知的就是按照茶的制法和品质把茶分为六种，即乌龙茶、红茶、绿茶、白茶、黑茶、黄茶。

（1）乌龙茶。又称作青茶、半发酵茶。其代表茶有铁观音、黄金桂、武夷岩茶（包括大红袍、白鸡冠、铁罗汉、武夷肉桂等）、永春佛手、台湾冻顶乌龙、广东凤凰水仙等。

（2）红茶。又称作发酵茶。其代表茶有正山小种、金骏眉、银骏眉、宁红等。

（3）绿茶。又称作不发酵茶。其代表茶有龙井、碧螺春、黄山毛峰、南京雨花茶、信阳毛尖等。

（4）白茶。又称作轻微发酵茶。其代表茶有白毫银针、白牡丹、贡眉、寿眉等。

（5）黑茶。又称作后发酵茶。其代表茶有普洱茶、茯砖茶、六堡茶等。

（6）黄茶。又称作发酵茶。其代表茶有霍山黄芽、蒙山黄芽等。

（四）茶的冲泡技巧

每个种类的茶都有它自身的特性，如果想让冲泡出的茶汤把每种茶特有的色、香、味发挥到极致，那就要在泡茶上下功夫。泡茶方面，冲泡的茶具、水质、水温、茶叶和水的比例以及冲泡的方法与技巧等都有讲究。

1. 茶具

目前茶具种类比较多，从材质来分有玻璃、陶瓷、紫砂、金银、玉石等种类（见图 6-6）。在冲泡时应根据冲泡茶的性质、环境等情况去考虑。如，乌龙茶冲泡时可选用紫砂、白瓷质地等茶具；冲泡绿茶时可用玻璃、白瓷质地等茶具；冲泡红茶时可用紫砂质地茶具，内壁最好为白釉，这也是日常待客常见的一种搭配。

图6-6 紫砂茶具

2．水质、水温

泡茶时的水质直接影响泡出茶汤的品质，在商务待客中大多用矿泉水和纯净水。从古至今冲泡茶叶时对水温都十分讲究，要求大火烧水，水沸至刚刚起泡为宜，这个时候能很好地溶解茶叶，把茶汤的香味和滋味都能很好地激发出来。如像绿茶的冲泡水温一般控制在80℃为宜，乌龙茶、红茶、黑茶等用100℃的水温冲泡为宜。

3．茶的冲泡方法

茶的冲泡方法有简有繁，要根据具体情况，如待客的性质、环境等来选择茶的种类、冲茶器具等，还要结合茶性来确定冲泡的方式。但一些基本的冲泡方法是相通的，不论泡茶者的技艺如何，都要按照基本步骤操作。常用泡茶的基本步骤为：烫壶、置茶、温杯、高冲、低泡、分茶、敬茶、闻香、品茶。

（1）烫壶。在泡茶之前需用开水烫壶，一则可去除壶内异味，再则热壶有助挥发茶香。

（2）置茶。一般泡茶所用茶壶壶口皆较小，需先将茶叶装入茶荷内，此时可将茶荷递给客人，鉴赏茶叶外观，再用茶匙将茶荷内的茶叶拨入壶中，茶量以壶的三分之一为度。

（3）温杯。将烫壶的热水倒入茶盅内，再行温杯。

（4）高冲。冲泡茶叶需高提水壶，水自高点下注，使茶叶在壶内翻滚，散开，以更充分泡出茶味，俗称"高冲"。

（5）低泡。泡好的茶汤即可倒入茶盅，此时茶壶壶嘴与茶盅的距离以低为佳，以免茶汤内的香气无效散发，俗称"低泡"。一般将第一泡茶汤与第二泡茶汤在茶盅内混合，效果更佳，将第三泡茶汤与第四泡茶汤混合，以此类推。

（6）分茶。将茶盅内的茶汤再行分入杯内，杯内的茶汤以七分满为度。

（7）敬茶。将茶杯连同杯托一并放置于客人面前，是为敬茶。

（8）闻香。品茶之前，需先观其色，闻其香，方可品其味。

（9）品茶。"品"字三个口，意即一杯茶需分三口品尝，且在品茶之前，目光需注视泡茶师1～2秒，稍带微笑，以示感谢。

总之，泡茶技巧要做到泡茶先识茶，用眼睛观看外形和颜色，以区分茶的种类。此外，还需要用感官去判断茶叶条索紧结程度、外形大小、揉捻程度、萎调轻重等多个方面，同时也需要积累一定的泡茶经验，才能真正地泡出好茶。

（五）敬茶与品茶礼仪

我国讲究以茶待客，就是指客人到了之后，接待人员应主动奉上茶水。生活中以茶待客时需要注意以下礼仪。

1. 讲究洁净

给客人敬茶时不管是从敬茶者本身而言，还是从茶具等方面而言，首先要清洁自己的双手，然后使用消过毒的茶具，取茶时也要注意使用专门的茶勺，不要用手直接抓取。

2. 浅茶满酒

中国的习俗有"七茶八饭满杯酒"的讲究，所以，在给多位客人敬茶时就需要注意两点：一是茶不能倒得太满；二是每位客人杯中的茶汤多少基本一致，不要出现有多有少的现象（见图6-7）。

图6-7　七分茶

3. 敬茶举止

以茶待客涉及宾主双方。作为主人，为客人沏好茶给客人敬茶时，端杯应以双手捧之，并将杯把置于客人右侧，以便对方端杯。在端茶过程中，切不可将手指靠着杯沿，甚至伸进杯中，显得不卫生。举止文雅，是显示主人修养的一个方面，千万不可忽视（见图6-8）。

图6-8　敬茶

另外，敬茶也是有技巧的，需要恰当的引导服务或肢体语言，这些礼仪在很多场合都可能用到。如在洽谈商务过程中，在给客户敬茶时，一种情形是将茶杯放在桌上，此时应双手捧上放在客人的右手上方，先敬尊长者。另一种情形是客人会顺手接过茶杯，此时应右手在上扶住茶杯，左手在下托着杯底。这样，客户在接茶杯时也是左下右上，从而避免了两人之间的肌肤接触,即"左下右上"。这是个细微的礼节,但是重视细节却可以避免引起不必要的尴尬。

4．叩指礼

受邀饮茶时,在接受添茶续杯服务时,为了表示答谢之礼,也可以使用叩指礼。扣指礼是这样的:右手握拳,大拇指的指尖对食指的第二指节,屈起食指和中指,握拳立起来,用食指和中指的第二节的指面轻轻叩击桌面三下。此时,食指和中指比喻为跪着的人的双腿,用第二节指面点击三下,有"三跪九叩"的意思。现今,在日常茶事中叩指礼已经逐渐简化了,通常是用食指或者中指轻轻敲桌面两次,作为感谢之意。

二、中餐宴会礼仪

（一）席位排列

1．位次排列

举办中餐宴会时一般采用圆桌,每张桌子的具体位次有主次尊卑之分,宴会的主人应坐在主桌上,面对正门就座;同一张桌上位次的尊卑,根据距离主人的远近而定,以近为上,远为下;同一张桌上距离主人相同的位次,排列顺序讲究以右为尊、以左为卑。在举行多桌宴会时,各桌之上均有 位主桌主人的代表,作为各桌的主人,其位置一般应以主桌主人同向就座,有时也可以面向主桌主人就座。每张餐桌上,安排进餐人数一般应限制在十人之内,并且为双数。

2．桌次排列

举办一张圆桌以上的宴请时,就出现了桌次的排列问题。经常遇到的有以下两种情况。

（1）两桌组成的小型宴会。餐桌的排列,有时需要横排,有时需要竖排。当两桌横排时右为尊、左为卑,左和右方位的确定以面对正门的位置为准(见图6-9)。

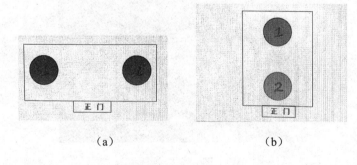

图6-9 两个餐桌桌次

（2）三桌或三桌以上的桌数组成的宴会,叫作多桌宴会。其桌次排列方法,除了要遵守两桌排列的规则外,还应考虑与主桌的距离,即距离近者桌次高,距离远者桌次低(见图6-10)。

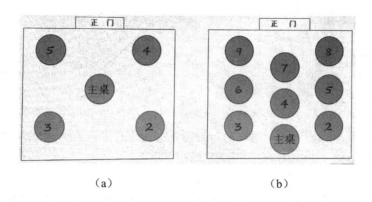

图6-10 三桌以上桌次

在安排桌次时，除主桌可以略大之外，其他餐桌的大小、形状应大体相仿，不宜差别过大。

（二）上菜顺序

（1）标准的中餐宴会，无论菜品何种风味，其上菜的顺序大体相同。通常是首先上冷盘，接着是热炒，随后是主菜，然后上点心和汤，最后是水果拼盘。

（2）当冷盘吃剩三分之一时，开始上第一道热菜，一般每桌要安排十个热菜。宴会上桌次再多也要同时上菜。

（3）上菜时，如果服务员给每个人上菜，要按照先主宾后主人、先女士后男士或按照顺时针方向依次进行。如果由个人取菜，每道热菜应放在主宾前面，由主宾开始按顺时针方向依次取食，切不可迫不及待地越位取菜。

（4）上菜一定要是双数。根据某些地区的风俗，七道菜是祭奠用的。

（5）通常鱼头得对着座上嘉宾，以示尊敬和吉利。

（三）就餐方式

具体的就餐方式可以分为以下几种。

（1）分餐式。即在就餐时，为每个用餐者提供的主食、菜肴、酒水及餐具一律每人一样一份，分别使用。一般由服务员用小碟盛放，每人一份，既卫生又公平。此形式尤其适合于正式宴会。

（2）布菜式。即用大盘盛放，由服务员托菜盘依次放入每个人的食碟中，剩余部分放在餐桌上供客人自取。此形式既卫生又照顾了饭量大或不同口味人士的需要，是宴会上常采取的形式之一。

（3）公筷式。即主食菜肴不必分开每人一份，而是将菜品用大盘盛放，用公用的餐具适量取食，放入自己的食碟中。

（4）混餐式。即用餐者根据自己的口味，用自己的餐具直接从盛菜的大盘中取食。这是中国传统用餐方式的特点，在正式的宴会上不宜使用。

（5）借鉴西方的用餐方式。即在举办人数众多的宴请活动时，采用中餐自助的形式，也不失为一种明智的选择。

(四)餐具的使用

中餐的餐具主要有杯、盘、碗、碟、筷、匙等。在正式宴会上,水杯放在菜盘左上方,酒杯放在右上方,筷子和汤匙放在专用的座上,公用筷子与汤匙最好也放在专用的座上,酱油、醋、辣油等佐料应一桌一份,并要备好牙签和烟灰缸。宴请外宾时,还应备好刀叉,供不会使用筷子者使用。

1. 筷子

筷子是中餐的主要餐具,用以夹取食物。一般应以右手持筷,用右手拇指、食指、中指三指共同捏住筷子上部三分之一处。筷子应成双使用,不能用单根筷子去插取食物。使用筷子时要注意以下事项。

(1) 不要嘴含筷子。

(2) 不要挥动筷子。

(3) 不要敲筷子。

(4) 不要用筷子插取食物。

(5) 不要用筷子翻搅菜肴。

(6) 不要把筷子放在碗上等。

2. 汤匙

汤匙主要用以饮汤,尽量不要用其舀菜。用筷子取菜时,可用汤匙加以辅助。使用汤匙时要注意以下事项。

(1) 饮汤时,不要将汤匙全部放入口中吸吮。

(2) 用汤匙取食物后,应立刻食用,不要再次倒回原处。

(3) 若食物过烫,不宜用汤匙折来折去。

(4) 不用时,应将汤匙放入自己的食碟上,不要放在桌上或汤碗里。

3. 碗

碗主要用于盛放主食、羹、汤。在正式的宴会上,使用碗时要注意以下事项。

(1) 不要端起碗进食,尤其不要双手端起碗进食。

(2) 碗内的食物要用餐具取,不能用嘴吸。

(3) 碗内的剩余食物不可往嘴里倒,也不可用舌头舔。

(4) 暂不用的碗不可盛放杂物。

4. 盘

比盘稍小一些的又叫作食碟。在餐桌上,盘子一般应保持原位不动,并且不宜将多个盘子叠放在一起。每个人面前的食碟用来暂放从公用菜盘取来的菜肴。使用食碟时要注意以下事项。

(1) 不要取放菜肴过多。

(2) 不要多种菜肴堆放在一起相互"串味"。

(3) 不要将不宜入口的残渣、骨、刺吐在地上、桌上,应轻放在食碟的前端,由服务人员撤换。

5. 水杯

中餐的水杯主要用于盛放白开水、饮料、果汁，使用水杯时要注意以下事项。

(1) 不要用于盛酒。

(2) 不要倒扣水杯。

(3) 喝入口中的东西不能再吐回去。

6. 湿毛巾

宴会前的湿毛巾是用来擦手的，不能用来擦脸、擦汗。宴会结束时的湿毛巾是用来擦嘴的，不能用来擦脸、擦汗。

7. 餐巾

餐巾应铺放在并拢之后的大腿上，不能围在脖子上，或掖在衣领里、腰带上。餐巾可用于轻揩嘴和手，但不能用于擦拭餐具或擦汗。

（五）用餐的注意事项

由于中餐的特点和食用习惯，参加中餐宴会时，尤其要注意以下几点礼仪。

(1) 上菜后，不要先拿筷，应等主人邀请，主宾动筷时再拿筷，主人拿起筷子说声"请"，大家便可以开始就餐。当主人举起杯子向客人敬茶时，身为客人的你，出于礼貌上也要喝一口茶。取菜时要相互礼让，不要争抢，取菜要适量，不要把适合自己口味的菜一人"包干"。

(2) 为表示友好、热情，彼此之间可以让菜，劝对方品尝，但不要为他人布菜，不要擅自做主，不论对方是否喜欢，主动为人夹菜、添饭，会让人为难。

(3) 不要挑菜，不要在共用的盘子里挑挑拣拣、翻来翻去、挑肥拣瘦。取菜时，要看准后夹住立即就走，不能夹起来又放下，或取回来又放回去。

（六）就座和离席

(1) 应等长者坐定后，方可入座。

(2) 如有女士，应等女士坐定后，方可入座。如女士的座位在隔邻，应招呼女士入座。

(3) 用餐后，须等男、女主人离席后，其他宾客方可离席。

(4) 坐姿要端正，与餐桌的距离应保持适宜。

(5) 离席时，应帮助隔座长者或女士拖拉座椅；离座后，应将座椅轻轻推入桌下，方便他人离座。

三、西餐宴会礼仪

西餐是西式饭菜的一种约定俗成的统称，大致可以分成欧美式和俄式两种，以法国菜、意大利菜为主流，其在西餐中的位置就如同中餐的粤菜、川菜。西餐菜肴主料突出，营养丰富，讲究色彩，味道鲜香，其烹饪和食用同中餐有很大的不同，体现了浓郁的西方文化。

有人将中、西方文化表现在饮食方面的差异具体为中国的"锅文化"和西方的"盘文化"。吃中餐吃的是一团和气，吃西餐则是吃情调。壁炉、水晶灯、烛台、美酒，再加上就餐者优雅迷人的举止，简直就是一幅动情醉人的油画。

传统的法国菜单通常超过十二道菜，那是传统习惯下的丰盛大餐。现代西式菜单越来越简化，目前流行的西式菜分为五道菜，即头盘—汤—副菜—主菜—甜品，外加餐前酒和佐餐酒。西餐宴会上具体需要注意的礼仪细节如下。

（一）西餐宴会的席位排列

同中餐相比，西餐的席位排列既有许多相同之处，也有不少不同之处。由于人们对席位的排列十分关注，排列时要多加注意。

1. 席位排列的原则

在绝大多数情况下，西餐宴会席位排列主要是位次问题，除了极其盛大的宴会，一般不涉及桌次。了解西餐席位排列的常规及同中餐席位排列的差别，就能够较好地处理具体的席位问题。

具体排位时，遵循女士优先、以右为尊、面门为上、交叉排列等原则。

（1）女士优先。即在西方礼仪中更多地体现出女士优先的原则。在西餐礼仪中，排定用餐席位时，一般女主人为第一主人，在主位就位，而男主人为第二主人。定位西餐桌上席位的尊卑，则是根据其距离主位的远近决定的，距主位近的位置要高于距主位远的位置。

（2）以右为尊。是指就某一具体位置而言，按礼仪规范其右侧要高于左侧之位。在西餐排席时，男主宾要排在女主人的右侧，女主宾要排在男主人的右侧，按此原则，依次排列。

（3）面向门为上。即以餐厅门作为参照物时，按礼仪要求，面对餐厅正门的位子要高于背对餐厅正门的位子。

（4）交叉排列。即男女应该交叉排列，熟人和生人也应当交叉排列。一个就餐者的对面和两侧往往是异性或不熟悉的人，这样可以广交朋友。

2. 席位排列的顺序

在西餐中，就餐时最为规范的是长方形餐桌，也有正方形餐桌，一般不用圆形餐桌。

（1）长方形餐桌的排位顺序。分为三种：一是男女主人在长桌的中央相对而坐，餐桌的两端可以坐人，也可以不坐人；二是男女主人分别坐在长桌的两端；三是用餐人数较多时，可以把长桌拼成其他图案，以使大家能够一道用餐，要注意的是长桌的两端尽可能安排举办方的男士坐。

（2）正方形餐桌的排位顺序。就座于餐桌四面的人数应相等，并使男女主人与男女主宾相对而坐，所有人各自与自己的恋人或配偶坐成斜对角（见图6-11）。

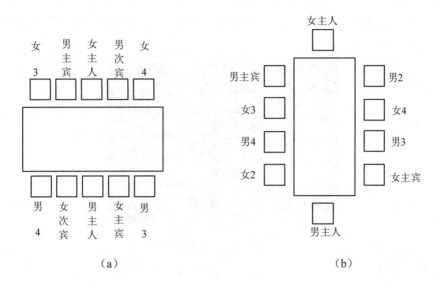

图6-11 西餐餐桌位次

（二）西餐的上菜顺序

由于饮食习惯不同，西餐的上菜顺序与中餐有明显不同。正规的西餐宴会，其上菜顺序既复杂又非常讲究，不同的地区和国家也会有一定的差异。一般情况下，西餐的上餐顺序如下。

（1）开胃菜。开胃菜就是打开胃口的菜，也叫作头盆、前菜，一般是由蔬菜、水果、海鲜、肉食所组成的拼盘，有冷热之分。

（2）面包。西餐正餐面包一般是切片面包，吃面包时，可根据个人口味涂上黄油、果酱和奶酪。

（3）汤。可分为清汤和浓汤两大类，品种丰富，如奶油汤、意式蔬菜汤等都具有很好的开胃作用。正式喝汤时，才算正式开始吃西餐。

（4）副菜。也可叫作前菜，一般是将鱼虾海鲜、蛋类等作为副菜。

（5）主菜。主菜的内容非常广泛，包括水产类、畜肉类、禽类和蔬菜类菜肴。正式的西餐宴会上，大体要上一个冷菜、两个热菜。两个热菜中，讲究先上一个鱼类，由鱼或虾及蔬菜组成。另一个是肉菜，为西餐中的大菜，是必不可少的，最常用的是牛肉或牛排。

（6）配菜。常见的是蔬菜沙拉，在主菜过后，作为主菜的配菜食用。

（7）甜品。最常见的有冰激凌、布丁、水果等。

（8）热饮。主要以咖啡、茶为主，有时会是餐后酒等。

（三）西餐餐具的使用

1. 餐具的摆放

西餐的餐具主要有刀、叉、匙、盘、碟、杯等，讲究吃不同的菜要用不同的刀叉，饮不同的酒要用不同的酒杯。其摆放为：正面放着汤盘，左手放叉，右手放刀，汤盘前方放着匙，右前方放着酒杯。餐巾放在汤盘上或插在水杯里，面包奶油盘摆放在左前方（见图6-12）。

图6-12　西餐餐具摆放

2. 餐具的使用

（1）进餐时，餐盘在中间，刀子和勺子放置在盘子右边，叉子放置于盘子左边。一般习惯右手写字的人，在吃西餐时会很自然地用右手拿刀或勺，左手拿叉，杯子也用右手来端。

（2）在桌子上摆放刀叉，一般最多不能过三副；三道菜以上的套餐，必须在摆放的刀叉用完后随上菜再添置新的刀叉。

（3）刀叉是从外侧向里侧按顺序使用的，即事先按使用顺序由外向里依次摆放。

（4）刀是用来切割食物的，不要用刀挑起食物往嘴里送食。

（5）进餐时，一般都是左右手互相配合，即一刀一叉成双成对使用的。喝汤时，则只是把勺子放在右边，用右手持勺。

（6）刀、叉、勺有不同规格，按照用途不同，其尺寸大小也有所区别。西餐用餐中，一般会同时出现几种不同规格的刀，其用法是：带有小小锯齿的那一把用来切肉制食品；中等大小的刀用来将大片的蔬菜切成小片；而那种小巧的，刀尖为圆头的、顶部有些上翘的小刀，则是用来切开小面包，然后用它挑些果酱、奶油涂在面包上面的。此外，吃肉时，使用刀切的话要使用大号的刀；吃沙拉、甜食或一些开胃小菜时，要用中号刀；喝汤时，要用大号勺，而在喝咖啡和吃冰激凌时，则用小号勺为宜。

（四）西餐用餐的注意事项

（1）保持良好的坐姿。

（2）吃面包时不要用嘴直接咬，要吃一块儿掰一块儿，如果黄油刀用完时，要横放在面包盘上，注意刀刃朝里。

（3）吃意面时要将叉子竖起来，一次叉上3～5根意面，慢慢旋转叉子，将意面缠绕在叉子上，送进嘴里，注意不可将意面截断食用。

（4）不要用餐巾擦拭未用过的餐具，以免服务员产生误会，以为餐具不干净。

（5）在用餐过程中，不论是吃食物还是喝热饮时，都不能发出声音。

（6）刀叉在使用的过程中也不要发出声音，以轻拿轻放为宜。

（7）喝咖啡时，如果前面有桌子时，咖啡碟不要端起来，前面没有桌子时，可以一只手端碟子，另一只手端起杯子喝。

在西餐礼仪中，由于不同的国家、地区有着不同的习惯和做法，我们要谨记"入乡随俗"，灵活对待。

第三节　公 共 礼 仪

在人际交往中，良好的公共礼仪能够使人与人之间的交往更加和谐有序，使人们的生活环境更加美好，同时也展现着个人的修养与素质，仪表整洁、尊老爱幼、遵守公共秩序，是我们每位公民都应该遵守的基本公共礼仪规范。

一、公共礼仪的原则

公共场所礼仪总的原则是：遵守秩序、仪表整洁、讲究卫生、尊老爱幼。

（一）遵守秩序

在公共场所时，每个人都会想拥有好的公共环境和公共秩序，这样会使我们的心情更加愉悦。良好的公共秩序需要大家共同来维持。在公共场所要自觉排队，不要拥挤；不在公共场所乱涂、乱画、乱写，如"××到此一游"等字样，既会对景观等造成破坏，也是一种极不文明的表现，这种行为在国外一些国家属于违法行为；遵守标牌提示，不要有采摘、踩踏、攀爬的行为。

（二）仪表整洁

在公共场所要仪表整洁，要保持身体没有特殊异味，不要喷洒刺鼻的香水；着装要整洁大方，不要穿掉了纽扣或有污渍的衣服；也不适合穿奇装异服，或是穿过于暴露和紧身的衣服，这样不仅会给自己的站、坐、行、蹲等行为带来不便，也会让人觉得不够庄重。

（三）讲究卫生

讲究卫生也是在公共场所时必须要遵守的，要做到不吸烟，不随意吃零食，更不能胡乱丢弃果皮、果核，不随地吐痰，在特殊时期要按照要求佩戴口罩等。

（四）尊老爱幼

在公共场所要尊老爱幼。在公共场所遇到老人、儿童时要主动给他们让座，尽力帮助他们，不大声说话，要注意使用礼貌用语，同时也要尊重他人，不小心碰到或者踩到别人时要及时道歉。

二、乘坐交通工具礼仪

在人们的日常生活中，乘坐交通工具也是不可缺少的部分。出行乘坐交通工具时，能否遵守公共交通礼仪，也是个人修养的一种体现，同时也体现着一个国家的社会精神文明程度。这里主要介绍乘坐公共汽车、火车、飞机、地铁、轿车和出租车以及骑自行车时应遵循的礼仪规则。

（一）乘坐公共汽车的礼仪

公共汽车是最普遍、最常见的具有广泛群众基础以及乘坐人数最多的交通工具。所以，乘坐公共汽车的行为规范具有广泛的群众基础。

1. 排队上车

不要拥挤，不要抢座、占座。乘坐长途车时看见后面有人奋力追赶，应该提醒司机注意，并让司机尽可能等一等。

2. 保持车厢肃静

接打手机时应低声细语，尽量缩短通话时间，不要旁若无人地大声说话；车上人多时，遇到熟人点头示意就好，不要硬挤过去交谈，更不要远距离大声交谈。

3. 扶好站稳

站在车里要扶好站稳，以免刹车时碰着、踩着别人，万一碰了别人要主动道歉；如果遇到老人、小孩及其他需要让座的人，应尽量给予帮助。

4. 注意自身卫生

乘车时尽量不要穿有油污的衣服；不要带脏的物品，以免弄脏别人，必须带上车的，要招呼别人注意并且放到适当的地方；下雨天乘车时，在上车前应该把雨伞折拢，把雨衣脱下并叠好，以免把别人的衣服弄湿。

5. 按次序下车

不要拥挤，快要到站之前，应提前向车门移动；万一遇到车子熄火要帮助推车时，如果有能力要主动下车去帮助推车，如果不能推车的应该下车以减少车厢重量，在别人推车时还坐在车里是一种很没有礼貌的行为。

（二）乘坐火车的礼仪

火车是一种比较古老的交通工具，过去火车的安全性比较高，但速度有限，现在随着科技的不断发展，火车行驶速度一次又一次地提升，出现了当今的快速列车和高速列车，虽然比不上飞机的速度，但相对于飞机票价而言便宜不少，所以也是人们出行经常乘坐的交通工具。在乘坐火车时也要遵守一定的礼仪规则，才能使我们的出行更安全、更舒心。

1. 对号入座

上车时要有序排队进入车厢，按自己购票的座位对号入座，存放行李时要轻拿轻放，避免碰到他人。

2. 遵守公共秩序和卫生

在行车过程中要保持安静,避免大声喧哗,不要打扰别的乘客休息,报纸、杂志等阅读后要归位,不要乱扔果皮纸屑,注意保持车厢卫生。

3. 保持警惕

要时刻有警惕之心,保护好个人财物安全,发现可疑的人出现可疑行为时,要主动与列车员或者列车警察联系,进行及时处理。

(三) 乘坐飞机的礼仪

随着科技的发展,飞机的安全性和快捷性的优势越来越明显,所以也成了很多出行人首选的交通工具。乘坐飞机时,同样有一定的礼仪规则,如果大家都自觉遵守,就能为我们的旅行带来更多美好的体验。下面就按照起飞前、飞行中、到达后几个环节来了解一下乘坐飞机时的礼仪。

1. 起飞前

按照起飞时间,应提前 1~1.5 小时到达机场办理相关登记手续。办理手续时应自觉排队,主动配合安检人员检查,不要携带任何危险品,乘机时按照航空公司规定的行李大小规格(标准为 20 寸登机行李箱)和重量(20 千克以内)携带。登机时,对于机舱门口服务人员的亲切问好要给予礼貌的回应,并积极配合服务人员的工作,阅读安全须知,系好安全带,提前关闭自己携带的手机等电子设备,如有需要帮助的,按呼叫铃寻求服务人员帮助,切勿有大声喧哗、叫喊等行为。

2. 飞行中

在飞机飞行途中,要遵守机舱内的一切规章制度,不要随意走动,不要抽烟,不要随意脱鞋子,以免异味影响自己周围的环境卫生;要坐在自己的位置上,注意保护环境卫生,不要乱动和使用违禁物品,如舱门、应急窗等,以免造成安全事故,否则除了按价赔付外,严重的还要承担法律责任。

3. 到达后

待飞机到达目的地之后,按照服务人员安排整理行李,有序排队下机,不要拥挤,防止摔倒或伤到他人。对于服务人员热情的道别要以微笑的表情回应,注意运用礼貌用语,如"谢谢""再见"等。

(四) 乘坐地铁的礼仪

从进入地铁车站到买票进站,都有规范的指示牌和秩序,一般不容易发生冲突和不礼貌的现象。所以,每一位坐地铁的人只要遵守秩序就可以了,并不需要有很高的礼仪标准。需要注意的是,上车时要有秩序,不要争先恐后;在车厢内应该主动让出座位给老人、孕妇和儿童;不要大声讲话、谈笑,要注意车门旁边的安全,保持车厢内的清洁和安静。

(五）乘坐轿车和出租车的礼仪

在外事场合、公务场合、社交场合以及日常生活中，乘坐轿车和出租车已经是比较普遍的行为，需要遵循的基本的礼节如下。

1. 上车

如果陪同客人同乘一辆轿车，上车前主人应先打开轿车的右侧后门，以手挡住车篷上框，提醒客人防止碰头，待客人坐好后再关车门。特别注意不要夹到客人的手或衣服，然后主人从左侧后门上车。

若同亲友一同乘车，应请女士与长辈先上车，并为之开关车门。倘若女士裙子太短或太紧不宜先上车，应请男士先上。女士上车的方法是：先轻轻坐在座位上，然后再把双腿一同收进车内。

2. 下车

到达目的地时，主人应首先下车，绕过车体为客人打开车门，以手挡住车篷上框，协助客人下车。女士下车的方法是：下车时，要双脚同时着地，不要一先一后。

3. 乘坐轿车的座位安排及礼宾次序

一般认为，车上最尊贵的位置是后排与司机的座位成对角线的座位，简而言之，即右尊左卑、后尊前卑。如果由主人亲自驾车，在车上的位置应本着前尊后卑、右尊左卑的原则。

若一人乘车，可坐在后排。若三人乘车，且为同性，可前排坐一位，后排坐两位。若三人中男女皆有，那么可以全部坐在后排。一男二女的话，女士坐在一侧，男士坐在另一侧。二男一女的话，请女士居中，男士分坐于两侧。在轿车行驶过程中，主人可向客人介绍一下活动的安排、沿途的名胜。如果客人显得有些疲乏，则不宜交谈，可听任他休息一会儿。不宜在车内吸烟，一般也不宜听收音机或播放音乐。

4. 与司机的礼仪

在无特殊情况下，不应当催促司机加快车速。在乘车时，尽量不要与司机闲谈，以免分散司机的注意力造成交通事故。如有事情需要询问司机时，要有礼貌地询问，不可质问或摇晃司机。

5. 付费

在乘坐计程车时，一般都应由男士付车费。即使是女士主动提出来自己承担，尽量也不要女士付费，如果对方一再坚持，男士也不要过于执拗。在西方国家乘坐计程车，除了支付计程费外，还要支付司机小费以表示对司机的感谢，因此，若乘客支付车费的票额比实际费用略多一些，最好不要取回多余部分，特别是在与朋友或女士同行时。

（六）骑自行车的礼仪

自行车是很多居民重要的代步工具。因此，怎样文明骑自行车，便自然成了交通礼仪中的应有之义。

1. 严格遵守交通规则

不要多人并排骑车,不勾肩搭背骑行;不要在无任何手势示意的情况下突然拐弯,不要撑伞或单手持物骑车,不要闯红灯,不要互相追逐或曲折竞驶,不要在市区骑车带人。

2. 礼让行人

不要在行人背后猛然按铃;在过路口时,自行车要主动礼让行人;有些老年人动作迟缓,骑车人要给予谅解,不要动辄厉声呵斥,应该放慢车速,让老人先过马路;骑行时假如不小心撞了他人,要主动道歉,如果对方被撞倒,要赶快下车搀扶,如已致伤应立即陪送就医,必要时还应尽快通知伤者的家属或其工作单位,伤了人不负责任甚至溜走,是极不道德的行为。

三、住宿礼仪

日常出差或外出旅游时,入住宾馆是不可或缺的一个环节。在宾馆住宿方面,有许多礼仪规范是需要了解与遵守的,下面就来介绍一下住宿礼仪方面的知识。

(一)入住宾馆的礼仪

1. 自觉排队

到达宾馆之后,应当先到前台登记。如果前面有客人正在等待登记,就应该安静地排队等候。入住宾馆需要出示身份证件,证件上的姓名需要与预约时登记的姓名一致。登记完毕,服务人员会将房间的钥匙或房卡交给宾客。

2. 及时确认

每个宾馆都有住宿规定,进入房间后应先仔细阅读宾客须知,并查看紧急出口和安全出口的实际位置(通常安全疏散路线图贴于房间大门背后)。然后检查被子、衣架、电源插座、毛巾等设施设备是否齐全,如果发现问题要立即与服务员联系。

3. 注重形象

穿着睡衣、睡裤、拖鞋时,或者只穿着内衣时,应当关上房间的大门;房间外面的走廊属于公共场合,不可以私人家居形象出现,即使你只是去服务台办一点小事,也要换上外出的衣服和鞋子,打赤膊或是衣冠不整,不仅影响个人的形象,同时也影响宾馆的形象;另外,走廊墙角安装的镜子是起装饰作用的,不要对镜整理头发、化妆。

4. 以礼相待

在宾馆住宿期间,对于自己所遇到的所有人,无论是宾馆服务人员,还是其他客人,都应当以礼相待。在走廊要礼让他人,不要趾高气扬、横冲直撞;在电梯等公共区域活动时,要注意礼貌。

5. 保持卫生

应保持房间的清洁卫生。虽然有服务员整理房间,但是也不要因此就把房间弄得又脏又乱。废弃之物要放进垃圾箱里,不可以随便扔到地上或窗外、门外;不可以躺在床上吸烟,不要在客房里开火做饭,或是任意点着明火焚烧物品;不要在客房的窗子之外晾晒自己的衣服，尤其不要将自己的衣服悬挂在公用的走廊里；不要在宾馆的公共区域内吸烟。

6. 保持肃静

宾馆是供客人住宿、休息的处所，因此，保持肃静是对所有人的基本要求。在宾馆内部的公共区域，一定要控制自己的音量，不要跑跳，走路时不要发出大的响声；即使是在自己的房间里，也不要把电视机开到很大的音量；关门时动作要轻，如果自己关门时正好有别人经过你的门口，千万不要"砰"地一声狠狠地关上门（这样摔门，就好像对对方有很大意见似的，是不礼貌的行为）。

7. 注意安全

千万不要把现金或贵重的物品放在房间里，有些宾馆的总服务台负责保管贵重物品；晚上睡觉时要把门锁好，有陌生人敲门不要轻易开门；记住宾馆电话的使用方法，遇到特殊情况时可以找服务员帮助解决；牢记走廊安全通道的位置，遇到紧急情况时一定要冷静沉着地应对。

8. 会客有度

不提倡在自己住宿的客房之内会见客人，特别是不提倡在自己的客房内会见异性客人；在宾馆接待来访的客户时，要尽量安排在宾馆大厅、餐厅、咖啡厅等公共场所，如果必须在房间里接待客人，客人进来后注意不要锁门。

（二）离开宾馆的礼仪

1. 清点携带物品

离开宾馆之前，一定要检查是否已将所有的个人物品带齐，不要将重要物品遗忘在房间里；宾馆提供的洗发膏、牙刷、肥皂、信封、信纸之类的小用品可以带走，但要注意有些物品是有偿使用的，毛巾、睡衣或其他物品通常不可以带走，如果你携带了此类物品，那么结账时你就应当为这些物品付费。

2. 损坏物品积极赔付

如果不小心弄坏了宾馆的物品，应当在结账时主动赔付。

3. 礼貌道别

离开宾馆时，注意保持风度，与服务人员礼貌告别。

第四节 电话礼仪

电话是现代社会中必不可少的通信工具，电话往来早已成为交际活动中普遍的交际方式。在电话交谈中使对方感受到亲切、热情，是体现个人文明修养及维护企业良好形象的重要方面。

一、拨打电话的礼仪

打电话是指在社交活动中，主动拨通电话呼叫对方进行沟通的方式。在拨打电话时，应注意以下礼节要点。

（一）选择适当的通话时间

工作日期间拨打电话应在 8 点以后，节假日期间拨打电话应在 9 点以后，夜间拨打电话应在 22 点之前，不要影响对方休息；在与国外人通电话时，还应注意时差；电话接通后，首先询问对方是否有空，不应占用对方过多的时间。

（二）拨打正确的电话号码

在拨打电话前应确认对方电话号码是否正确，如果打错电话，应及时向接电话者表示歉意。在拨通号码之后，如果没人接，应耐心等待片刻，待铃响七八次后再挂断。切不可铃响两三下就挂断，如对方正准备接听时电话已挂断，这也是失礼的行为。

（三）电话接通后确定接听单位

先确认对方单位，并做自我介绍，然后询问要找的受话人姓名，注意不要接起电话就问："喂，你是谁？"这是非常不礼貌的。如果受话人不在，可以请对方转告，或者稍后再拨打电话。

（四）谈话内容要简洁明确、语速适中

在工作中打电话时，要提前把要谈的内容整理清楚，不要边说边想、毫无头绪，不要长时间地闲聊。讲话时要注意控制语速，在对方听清楚并回应时，再继续谈，要保证对方能领会自己的谈话内容。

（五）通话结束后应有告别语

通话结束时，发话方要有告别语，如"今天我们就谈到这吧，再见"，然后通知对方挂断电话，千万不要没有表示就匆匆挂电话，这是失礼的行为。

二、接听电话的礼仪

在接听电话时，也要注意以下礼仪规范。

（一）电话铃响，尽快接听

接电话时不要故意拖延时间，若因事情耽搁，响铃好几遍后才接，首先应向对方致歉："对不起，刚才有点事，让您久等了。"接电话时要把手头的事情先放下，切不可接着电话还做其他事情。

（二）接起电话先问候，然后自我介绍

在接起电话时，首先向对方问好，然后再问对方找谁。如果在单位接电话，在礼貌称呼后，先报出单位的名称，例如，"您好，太行旅行社，请问找哪位？"。如果在接待来客

时电话响了，应先向客人打声招呼："对不起！我先接个电话。"然后再去接听电话。若刚好对方要找的是本人，应说："嗯，我就是，请问您是哪位？"如果自己不是受话人，应该回应对方并且帮助传达信息。

（三）接听电话过程中，应耐心倾听、注意力集中

在接听电话时，如手中正在忙着事情，应注意不要弄出声响，要把身边的电视、音响音量调小；正在吃东西时，应尽快下咽或小声吐出，不要发出吃东西的声响；不应打断对方的话语，要仔细倾听并认真思考后回答；接听重要内容时应及时拿笔记下，必要时可再次询问确定内容。

（四）通话中需要查询情况，切忌让对方等太久

如果查询情况需要较长的时间，应先和对方说："请您稍等一下"或"请您先挂电话，我待会再回给您。"在确认情况后，要第一时间回复对方电话，不可拖延时间让对方着急。

（五）通话结束，应由主动发话的一方结束谈话并先挂断电话

在通话即将结束时，要确认对方还有没有其他问题，然后再结束通话。如果对方话还没有讲完，接听人就挂断电话，这是非常失礼的行为。

三、手机使用礼仪

手机是现代生活中人们必不可少的通信工具，正确地使用手机是每个人文明素质的体现。在使用手机时，要注意不要打扰他人，学会正确的手机使用礼仪。

（一）特定情况下关机或者静音

一般情况下，手机应正常开机并配有铃声提醒，便于在对方打电话时能及时接听。在特殊情况下，如坐飞机、上课、开会时应把手机关机或者静音，这是对别人最基本的尊重。

（二）遵守公共秩序

在公共场合应正确地使用手机，遵守各场景的公共秩序，不应该在公共场合，如电梯、走廊、门口等人来人往处，旁若无人地拨打电话；不应在要求"保持寂静"的场所，如音乐厅、剧院、图书馆等地使用手机发出声响；不应在上班期间使用手机玩游戏、闲聊；不应在开会、上课时使用手机。

（三）自觉履行安全义务

在使用手机时，切记"安全至上"，不应有章不循、有纪不守，不要在驾驶汽车时使用电话，防止发生意外；不要在加油站等易燃场所使用手机，以免发生火灾；不要在飞机

起飞时使用手机，以免干扰飞机设备信号。

（四）长话短说，顾及他人

在特定场合下必须使用手机时，应注意通话简洁明了，切勿长时间地闲谈，打扰他人；在通话时，双方告知所在的环境，以便互相了解对方的处境；不要使用手机发垃圾信息给他人，不要使用手机随意散布谣言。

（五）改掉使用手机的不良习惯

大多数人在使用手机时，会出现很多不良习惯，我们应该学会正确使用手机。以下几方面的恶习，切记不要沾染。

1．在安静的地方任由手机响个不停

如在课堂自习中，学生们都在认真地学习，而自己的手机铃声响个不停，这样使学生们不能专心学习，甚至产生厌恶的心理。在这种情况下，要自觉地把手机调成静音，必要时戴上耳机，切不可打扰别人工作或学习。

2．忽视身边的人

在接打电话时注意身边的朋友或者亲人，不要无视他们的存在，这样显得很不礼貌，会损坏你在他们心中的形象。如果要接电话，应跟他们说："对不起，我先接个电话。"然后再走到一边接听电话。

3．使用攻击性语言

一些人在拨打电话时容易情绪化，甚至谩骂、讽刺对方，这样做容易引起祸端，尤其在工作中，这样做对同事之间的关系发展有百害而无一利，这是非常不文明的表现。在接打电话时，要做到文明用语，亲切交谈，这样才能促进人与人之间良好关系的发展。

思考与练习

1．问答题

（1）常见的茶的种类有哪些？

（2）中餐宴会礼仪的位次关系应如何排列？

（3）公共场所礼仪的原则是什么？

2．论述题

谈一谈您对中、西餐礼仪的认识。

3．练习题

去一家正规的西餐厅，体验西餐礼仪的用餐规范。

第七章 商务礼仪

导读

商业社会竞争日趋激烈，伴随各种商务活动的日趋繁多，商务礼仪所发挥的作用也越来越明显。学习并正确运用商务礼仪不仅是一个人内在修养的体现，更是人际交往所应该具备的重要能力。本章将详细介绍几类常见的商务礼仪流程与规范。

学习目标

1. 了解商务接待礼仪；
2. 掌握接待工作的方案拟订；
3. 掌握剪彩仪式中人员的安排及程序。

第一节 接待礼仪

一、商务接待礼仪

在商务人员的日常工作中，接待工作是不容忽视的日常性工作之一，接待工作看似简单，但到访人员会对公司、部门、员工留下不同的印象。因此，在任何时候都要做到亲切微笑、热情细致、重视对方。

商务接待一般是建立在商业谈判或者商业合作的基础上，在礼仪的运用上有一定的规范。接下来我们从接待前的准备工作和接待中的服务工作两个方面来了解商务接待礼仪的准备工作及流程。

（一）接待前的准备工作

（1）了解清楚来宾的基本情况，包括所在单位、姓名、性别、职务、级别及一行人数，以及到达的日期和地点。

（2）根据来宾的具体情况确定具体的接待规格。

① 特级接待：中央部、委、局、办和省、市主要领导视察，省级职能部门主要领导视察。

② 一级接待：国内、国外大型企业负责人的考察及参观，政府主要领导视察，市级党政群机关主要领导视察，区级党政群机关主要领导视察，战略投资伙伴、行业知名专家考察，新闻媒体发布会，金融机构主要负责人考察。

③ 二级接待：国内中型企业负责人的考察及参观，区级街道部门领导参观，上游产品供应商业务洽谈。

④ 一般接待：区政府、区街道部门带领的一般人士参观，业内人士、兄弟公司参观、交流接待，公司聘用的法律、设计、质量标准体系等顾问、专家的参观及交流。

（3）根据对方意图和实际情况，拟出接待日程安排方案，报请领导批示。

（4）根据来宾的身份和其他实际情况，安排具体接待人员、住宿、接待用车、饮食。

（5）根据来宾的工作内容，分别做好以下工作安排。

① 如来宾要进行参观或学习交流，则应根据对方的要求，事先安排好参观行程。

② 通知相关交流人员，准备交流材料，筹备好相关情况介绍、现场演示等各项准备工作。

（二）接待中的服务工作

（1）根据来宾的身份和抵达的日期、地点，安排有关领导或接待人员到车站、机场迎接。

（2）来宾到达并入住酒店后，双方商定具体的活动日程，尽快将日程安排印发给有关领导和部门按此执行，并安排有关领导看望来宾，事先安排好地点及陪同人员。

（3）宴请。

① 掌握宴请的人数、时间、地点、方式、标准，并提前通知酒店。

② 精心编制宴会菜单，做好宴会设计；摆放席位卡，并核对确认。

③ 负责接待的工作人员提前一小时到宴会厅，督促检查有关服务。

④ 接待方领导先到达宴会地点。

⑤ 接待人员主动引导来宾入席、离席。

⑥ 严格按拟定宴会菜单上菜、上酒水等，准确把握上菜节奏，不宜过快或过慢。

（4）商务会见、会谈安排。

① 明确商务工作会见的基本情况、目的以及会见（谈）人的职位、姓名等基本信息。

② 提前通知我方有关部门和人员做好会见（谈）准备。

③ 确定会见（谈）时间，安排好会见（谈）场地、座位。

④ 双方进入会议室后，由主持人开场，介绍双方领导、会议主题和会议议程。

⑤ 对方领导先后致辞。

⑥ 就会议内容进行发言或讨论。

⑦ 相关领导做总结发言。

⑧ 主持人宣布会议结束。

（5）来宾如有重要身份，或活动具有重要意义，则应事先安排记录人员做好记录并安排宣传人员负责报道。

(6) 商务参观考察安排。

① 提前准备好一切相关物资、车辆。
② 提前通知安排领导和随行陪同人员。
③ 相关领导提前至大门口迎接宾客的到来。
④ 宾客到达下车后，双方领导交换名片，初步认识。
⑤ 双方进入招商大厅，进行沙盘讲解后，将宾客带至项目处参观。
⑥ 双方进入会议室就项目或其他话题进行座谈。
⑦ 安排好相关人员对接待过程中的突发情况进行现场处理。

二、接待工作的方案拟订

高度重视接待工作，提前拟订好接待的方案，有助于接待工作的顺利开展，接待方案包括以下几个方面。

(1) 规格。根据来宾的身份确定接待规格。

(2) 时间。包括活动的起止时间和接待中各个项目的时间分配。

(3) 地点。接待的主地点及各个活动的地点安排。

(4) 人员。包括被接待方和接待方的参加人员及摄影人员、联络员等。

(5) 着装。按照接待的场合选择着装。

(6) 礼品。是否为参观者或到访者准备礼品，如鲜花。

接待方案拟订以后，需及时向有关部门报备，必要时还要做出修改。

三、日常办公室接待工作

(一) 接待工作步骤

对于商务人员来说，难免需要日常办公室接待宾客，办公室接待包括以下四个步骤。

(1) 恭候迎接。一般到访人员会由公司专职接待人员安排接待，重要到访者则由专门人员在公司大门外迎接，甚至在机场、火车站迎接。

(2) 敬茶介绍。待客不可无茶水，宾客坐下后应马上倒茶（水、饮料等），否则会使到访者感受到招待方缺乏待客诚意。如果到访者要找的人不在，可以让到访者留下必要的信息。如需到访者短时间等候，需告知理由及等候时间。

(3) 安排活动。对于预约来访的宾客，应提前安排一些接待活动，例如观看介绍公司的录像、参观部分部门等。当宾客参观到某部门时，该部门工作人员应当立刻起立迎接，不可坐在办公桌前毫无反应。

(4) 送客告别。接待工作应当有始有终，注重末轮效应，到访者离开时应当送客。重要到访者需要送至大门口或者派车送至机场或火车站，送至大门口时，一定要注意直到确认到访者不会再回头方可返回办公室。

(二) 接待中的礼貌用语

在接待中我们应该使用礼貌用语,并使用标准普通话。经常会用到的最基本的"五言十字"为:您好、请、对不起、谢谢、再见。

另外,在一些特定情况下,可以使用"欢迎光临""请您稍等""对不起,让您久等了""好的,我知道了""您的意思是……""承蒙您的关照,非常感谢"等文明礼貌用语,以提升到访者对公司、个人的良好印象。

第二节 剪彩礼仪

剪彩是单位或组织为庆祝某项活动而举行的一项隆重性的礼仪性程序,如商界的有关单位,为了庆祝公司成立、公司周年庆典、企业开工、宾馆落成、商店开张、银行开业、大型建筑物的启用、道路或航道的开通、展销会或展览会的开幕等。本节我们从剪彩前的准备、剪彩人员、剪彩的程序、剪彩的做法四个方面进行了解。

21世纪初,在美国的一个乡间小镇上,有家商店的店主慧眼独具,从一次偶然发生的事故中得到启迪,为商家独创了一种崭新的庆贺仪式——剪彩仪式。

当时,这家商店即将开业,店主为了阻止闻讯之后蜂拥而至的顾客在正式营业前耐不住性子,争先恐后地闯入店内将优惠货品抢购一空,而使守时而来的人们得不到公平的待遇,便随便找来一条布带子拴在门框上。谁曾料到这项临时性的措施竟然更加激发起了挤在店门之外的人们的好奇心,促使他们更想早一点进入店内,对行将出售的商品先睹为快。凑巧,正当店门之外的人们的好奇心上升到极点,显得有些迫不及待时,店主的小女儿牵着一条小狗突然从店里跑了出来,小狗若无其事地将拴在店门上的布带子碰落在地。店外不明真相的人们误以为这是该店为了开张所搞的"新把戏",于是立即一拥而入,大肆抢购。让店主转怒为喜的是,他的这家小店在开业之日的生意居然红火得令人难以想象。最后他认定,自己的好运气全是由那条小狗碰落在地的布带子所带来的。因此,他的几家连锁店陆续开业时,他都沿用此方法。久而久之,他的小女儿和小狗无意之中的"发明创造",在经过他和后人不断的"提炼升华"后,逐渐成为一整套的仪式,该仪式也被人们赋予了一个极其响亮的鼎鼎大名——剪彩。

剪彩仪式起源于西方,现被广泛应用于庆祝有关单位的成立、项目的开工建设与落成、主营业务的开业与展览等仪式中。

一、剪彩前的准备工作

剪彩前的准备工作主要包括场地的布置、用具的配备和人员的选择等。在准备过程中,既要考虑周详、细致,又要明确分工与合作。

剪彩仪式应在即将启用的建筑、工程或者展销地的现场举行，正门外的广场或大厅均可作为剪彩的场地，可在剪彩之处悬挂写有剪彩仪式具体名称的大型条幅，也可布置灯光、音响、鲜花、主席台等其他装饰。除了对到场嘉宾的邀请，还应该有媒体记者的参与。除此之外，尤其对剪彩仪式上所需使用的某些特殊用具，如红色缎带、新剪刀、白色薄纱手套、托盘以及红色地毯，应仔细地进行选择与准备。

二、剪彩人员

在剪彩仪式上，最为出众的就是剪彩人员。因此，对剪彩人员必须认真地进行选择，并于事先进行必要的培训。除主持人之外，剪彩人员主要是由剪彩者与助剪者两个主要部分的人员所构成的。

（一）剪彩者

在剪彩仪式上担任剪彩者是一种很高的荣誉。剪彩仪式档次的高低往往也同剪彩者的身份密切相关。因此，在剪彩仪式中，最重要的是要把剪彩者选好。

剪彩者，即在剪彩仪式上持剪刀剪彩之人。根据惯例，剪彩者可以是一个人，也可以是几个人，但是一般不应多于五人。通常，剪彩者多由上级领导、合作伙伴、社会名流、员工代表或客户代表所担任。

确定剪彩者名单必须要在剪彩仪式正式举行之前进行。名单一经确定，即应尽早告知对方，使其有所准备。在一般情况下，确定剪彩者时，必须尊重对方个人意见，切勿勉强对方。需要由数人同时担任剪彩者时，应分别告知每位剪彩者届时将与何人同担此任，这样做是对剪彩者的一种尊重。千万不要在剪彩开始前方才强拉硬拽，临时找人凑数。

必要时，可在剪彩仪式举行前，将剪彩者集中在一起，告知对方有关剪彩的注意事项，并稍事训练。按照常规，剪彩者应着套装、套裙或制服，将头发梳理整齐，不允许戴帽子或者戴墨镜，也不允许其穿着便装。

若剪彩者仅为一人，则其剪彩时居中而立即可。若剪彩者不止一人时，则其同时上场剪彩时位次的尊卑就必须予以重视。一般的规矩是：中间高于两侧，右侧高于左侧，距离中间站立者愈远位次便愈低，即主剪者应居于中央的位置。之所以规定剪彩者的位次"右侧高于左侧"，主要是因为这是一项国际惯例，剪彩仪式理当遵守。若剪彩仪式并无外宾参加时，也可以执行我国"左侧高于右侧"的传统做法。

（二）助剪者

助剪者，指的是剪彩者在剪彩的一系列过程中从旁为其提供帮助的人员。一般而言，助剪者多由东道主一方的女职员担任，人们对她们的常规称呼是礼仪小姐。

具体而言，在剪彩仪式上服务的礼仪小姐又可以分为迎宾者、引导者、服务者、拉彩者、捧花者、托盘者。迎宾者的任务，是在活动现场负责迎送工作；引导者的任务，是在进行剪彩时负责带领剪彩者登台或退场；拉彩者的任务，是在剪彩时展开、拉直红色缎带；捧花者的任务是在剪彩时手托花团；托盘者的任务，则是为剪彩者提供剪刀、手套等剪彩用品。

在一般情况下，迎宾者与服务者应不止一人；引导者既可以是一个人，也可以为每位剪彩者各配一名；拉彩者通常应为两人；捧花者的人数则需要视花团的具体数目而定，一般应为一花一人；托盘者可以为一人，也可以为每位剪彩者各配一人。有时，礼仪小姐亦可身兼数职。

礼仪小姐的基本条件是：相貌较好、气质高雅、反应敏捷、机智灵活、善于交际。礼仪小姐在活动当天应化淡妆、盘发，穿统一的着装，配肉色丝袜、黑色高跟皮鞋，配饰不应超过三种。

三、剪彩的程序

一般来说，剪彩仪式宜紧凑，忌拖沓，在所耗时间上越短越好，短则十五分钟即可，长则不宜超过一个小时。

按照惯例，剪彩既可以是开业仪式中的一项具体程序，也可以独立出来，独立而行的剪彩仪式通常应包含如下六项基本程序。

（1）请来宾就位。
（2）宣布仪式正式开始。
（3）奏国歌，此刻须全场起立。必要时，可随之演奏本单位标志性歌曲。
（4）进行发言。重点分别应为介绍、道谢与致贺。
（5）进行剪彩。此刻，全体应热烈鼓掌，必要时还可奏乐或燃放鞭炮。
（6）进行参观。剪彩之后，主办方应陪同来宾参观，可向来宾赠送纪念性礼品。

四、剪彩的做法

进行正式剪彩时，剪彩者与助剪者的具体做法必须合乎规范，否则就会使其效果大受影响。

（1）当主持人宣告进行剪彩之后，礼仪小姐即应率先登场。在上场时，礼仪小姐应排成一列进，从两侧同时登台，或是从右侧登台均可。登台之后，拉彩者与捧花者应当站成一排，拉彩者处于红色缎带两端拉直红色缎带，捧花者各自双手捧一朵花团。托盘者须站立在拉彩者与捧花者身后一米左右，并且自成一行。

（2）在剪彩者登台时，引导者应在其左前方进行引导，使之各就各位。剪彩者登台时，宜从右侧出场。当剪彩者均已到达既定位置之后，托盘者应前行一步，到达前者的右后侧，以便为其递上剪刀、手套。

（3）剪彩者若不止一人，则其登台时亦应列成一行，并且使主剪者行进在前。在主持人向全体到场者介绍剪彩者时，后者应面含微笑向大家欠身或点头致意。

（4）剪彩者行至既定位置之后，应向拉彩者、捧花者含笑致意，当托盘者递上剪刀、手套时，剪彩者亦应微笑着向对方道谢。

（5）在正式剪彩前，剪彩者应首先向拉彩者、捧花者示意，待其有所准备后，剪彩者集中精力，右手持剪刀，表情庄重地将红色缎带一刀剪断。若多名剪彩者同时剪彩时，其他剪彩者应注意主剪者的动作，与其主动协调一致，力争大家同时将红色缎带剪断。

（6）按照惯例，剪彩以后红色花团应准确无误地落入托盘者手中的托盘里，切勿使之坠地。为此，需要拉彩者与托盘者合作默契。剪彩者在剪彩成功后，可以右手举起剪刀，面向全体到场者致意，然后放下剪刀、手套于托盘之内，举手鼓掌，接下来可依次与主人握手道喜，并列队在引导者的引导下退场，退场时，一般宜从右侧下台。

第三节　颁　奖　礼　仪

颁奖仪式是指为了表彰、奖励某些组织和个人所取得的成绩、成就而举行的仪式。如"感动中国"颁奖仪式、劳动模范颁奖仪式、奥运会颁奖仪式、电影节颁奖仪式、行业先进颁奖仪式等。组织方要对颁奖仪式予以重视，需提前制订合理的颁奖仪式方案。颁奖仪式方案一般包括颁奖仪式的准备、颁奖仪式的程序、颁奖仪式的注意事项等。

一、颁奖仪式的准备工作

（1）背景PPT和颁奖音乐。背景PPT要符合主题，字体大小适宜，画面和谐，可以在PPT中插入活动的精彩照片和整体的回顾，以及获奖者的个人情况等；颁奖音乐的选择要符合颁奖的整体氛围，可以将超链接插入PPT中，方便切换。

（2）确定颁奖嘉宾。颁奖嘉宾可以是先贤前辈，可以是行业名人，也可以是单位职务最高的人，还可以请获奖者的亲人或多年不见的朋友作为神秘嘉宾出现。确定后至少提前一周通知本人，并在仪式正式开始前让颁奖嘉宾熟悉颁奖程序及颁奖内容。

（3）获奖感言的准备。获奖者准备获奖感言，要求选择积极向上的内容，最好有打造和锤炼过的金句，如中外古今先贤的名句等，注意发言时间尽量缩短。

（4）礼仪服务安排。要求礼仪服务人员着装统一，动作规范，并提前做好彩排。

（5）奖品证书安排。奖品证书要提前按照颁奖顺序和不同奖项的情况调整排列，确保准确无误地呈给嘉宾，要设工作人员给礼仪服务人员传送奖品和证书的环节。

（6）会场布置。颁奖会场的场地大小要与参会人数相协调；主席台需要铺上台布，布置鲜花、桌牌等；会场挂上主题条幅，突出主题，方便新闻摄影宣传；投影仪要摆放在适合的位置，音响要试效果，话筒要更换电池，电源线等要整理整齐，以防有人绊倒。

嘉宾如果在主席台上就座，需要在桌面上按照次序放置桌牌，如果在台下就座，需要在座位后背贴上嘉宾的姓名；获奖者的座位按名次排列贴上姓名，顺序要与颁奖证书奖品安排一致；放置桌牌或在座位后背贴嘉宾姓名时，位次排列要遵循"中间高于两边，前排高于后排"的原则。

（7）主持人。主持人需提前熟悉颁奖程序，准备主持词，并要有一定的现场组织能力，能及时处理突发事件，维持现场秩序，使各个流程之间衔接顺畅。

二、签到流程

（1）准备签到表，专人负责签到。
（2）仪式正式开始前十分钟，按照签到表中的名单，确认到场的获奖人，没有到场的获奖人需要及时通知并做好记录。
（3）颁奖仪式中的一些重要人物（相关领导、颁奖嘉宾等）要在颁奖仪式开始前半小时内重新确认以便确保其准时到场。

三、颁奖仪式的程序

（1）主持人开场白。包括对活动的简单介绍，介绍相关领导和嘉宾，以及宣布颁奖仪式开始。
（2）活动负责人致辞。包括对活动整体情况的介绍，宣读获奖者名单。
（3）宣布奖项开奖，颁奖嘉宾为获奖者颁奖，奏颁奖乐，注意组织获奖者按顺序从指定的方向上台，在台中间的位置站好。
（4）请颁奖嘉宾上台，礼仪服务人员呈上奖状和奖品。
（5）颁奖嘉宾和获奖者合影留念，主持人感谢颁奖嘉宾，祝贺获奖者。
（6）获奖代表发表获奖感言。
（7）颁奖嘉宾致辞。
（8）颁奖仪式结束。
（9）主持人对与会人员表示感谢，并组织出席人有秩序地出场。

四、颁奖仪式程序的注意事项

（1）一般先颁名次靠后的奖，后颁名次靠前的奖；先颁单项奖，后颁整体奖。
（2）获奖感言可以每一轮颁奖都有代表发言，也可以所有颁奖结束后再进行。
（3）颁奖嘉宾的顺序，一般由较重要的颁奖嘉宾为名次靠前的获奖者颁奖。
（4）需要发言的获奖人需在颁奖前了解颁奖程序，做好充分准备。
（5）获奖人上台的顺序与事先安排好奖品和发奖人的顺序一致。颁奖时，工作人员按事先分工专门递送，确保颁奖场面井然有序。
（6）如有新闻单位摄像或需要留影，则应安排在全部奖项颁发完之后进行，获奖人要站在前排为摄像、摄影提供方便。

五、获奖人的现场礼仪规范

获奖人在主持人宣布颁奖前按顺序站成一排，礼仪引导人员站在最前面等候，当念到第一个获奖人名字时，由礼仪引导人员引领获奖人上台，中间保持一定的间距。接下来，礼仪引导人员走到主席台最前端，转身示意身后获奖人停住，获奖人面向观众站在颁奖人对面接受奖品、奖章及荣誉证书，接受奖品、奖章及荣誉证书时先向颁奖人鞠躬以示谢意，再用双手接过奖品，目光注视对方，面带微笑接过奖品后向与会全体人员鞠躬，以表达敬意。获奖人领奖后，由礼仪引导人员带领离开主席台。

六、颁奖人的现场礼仪规范

颁奖人上台后，一般背向观众。颁奖人主动与获奖人握手致意，以示祝贺。礼仪服务人员应双手呈递且向前微躬 15°，把奖品、奖章及荣誉证书递给颁奖人，颁奖人要用双手递送奖品。颁发奖章时，颁奖人要将奖章佩戴在获奖者胸前，再将证书递交给获奖人。

七、礼仪服务人员的站位

礼仪服务人员的站位是与颁奖人和获奖人的上台顺序有关系的，不是固定的。

（一）一般情况

（1）由礼仪引导人员将获奖人引导上台。

（2）礼仪服务人员用托盘托住奖品走在台上时，要面带微笑转向观众席，并把手中奖品托在腰际正对观众，插空站在获奖者之间。

（3）由礼仪引导人员将颁奖人引导上台。

（4）礼仪人员双手呈递且向前鞠躬 15° 让颁奖人接过奖杯、奖品或证书。

（5）颁完奖后，礼仪人员立即从获奖人身后离开，可以不用排队，注意从原上台路线离场。

（6）颁奖人和获奖人拍照留念后，礼仪引导人员分别将颁奖人和获奖人引导回位。

（二）其他情况

1．颁奖人在台上时

（1）礼仪引导人员把获奖人引导上台。

（2）礼仪服务人员把奖杯或证书用托盘托上台，呈递给颁奖人后，马上排队原路返回。

（3）颁奖人和获奖人拍照留念后，礼仪引导人员再把获奖者引导回位。

2．颁奖场地不大时

（1）先由礼仪引导人员把获奖人引导上台。

（2）再由另一位礼仪引导人把颁奖人引导上台。

(3)礼仪服务人员持奖品紧随颁奖人之后上台。
(4)把奖品递给颁奖人后,礼仪服务人员马上离开。
(5)颁奖人和获奖人合照后,礼仪引导人员分别把颁奖人和获奖人引导回位。
注:有的颁奖仪式不需要礼仪引导服务,可以省去这一项。

八、颁奖礼仪服务人员的训练和注意事项

(1)统一服装。颁奖礼仪服务人员的服装应选用和颁奖气氛相协调的大方得体的统一服装。

(2)微笑服务。微笑是对颁奖礼仪服务人员的基本要求。训练微笑时放松面部肌肉,眼睛含笑,嘴角微微向上翘起,让嘴唇略呈弧形,在不牵动鼻子、不出声的前提下,露6~8颗牙齿。

(3)站姿与走姿。站立服务时应昂首挺胸、收腹直腰、两眼平视、面带微笑;行走时肩稳不摇,双臂自然摆动,脚尖微向外或向正前伸出,行走时脚跟落在一条直线上;穿旗袍时步伐要小;切忌行走时左顾右盼、身体松垮、无精打采,破坏颁奖的喜庆隆重气氛。

(4)引领礼仪。引领时一般用右手,保持标准站姿,将右臂伸出,手掌自然伸直,五指并拢,大拇指微收,掌心向上或斜切地面45°。保持手掌、手腕与小臂成一条直线,以肘关节为轴轻缓划出半圆,根据需要拖住目标,同时目光注视对方或指引的方向。

在引领过程中,应走在嘉宾左前方的2、3步处引导宾客,要与嘉宾有目光交流,并不时地向其示意要去的方向,同时调整自己的步速以保证和被引领者的距离适当,跟宾客说明要去的地点和要走的方向。

(5)奖品的拿法。如果是颁发证书或奖牌,应用食指、中指、无名指拖住证书或奖牌的下缘,拇指扣在侧缘,小指在后面顶住证书或奖牌,以便能够稳稳地托住它;如果是奖杯,则用左手拖住奖杯底座,右手扶在奖杯的上部,把中部留给嘉宾,方便其拿取。在颁奖过程中切忌掉落奖牌、奖品或证书,并避免走错位置。

(6)颁奖礼仪托盘姿势。如需托盘,应将拇指扣在托盘两侧,其余手指在托盘下朝外,手臂与侧腰大约保持一拳的距离。

注意颁奖前一定要实地彩排,熟悉场地,熟悉颁奖程序和所颁奖项,按照颁奖顺序上下台演练,根据场地具体情况以及排练时出现的不妥之处及时调整。

第四节 签约礼仪

在商务交往中,谈判双方一旦达成结果,就要签订合同把所达成的结果固定化,此时就需要签约。签约是商业交易的公证方式,签约后双方形成法律事实上的约束关系,是商业活动中不可缺少的一部分。签约仪式有一套比较严格的程序及礼仪规范,这不仅显示出签约仪式的正式、庄重、严肃性,同时也表明双方对缔结条约的重视及对对方的尊重。

一般来说,签约流程包括签约前的准备工作、签字时间的确定、现场表现以及签字仪式的程序等。

一、签约前的准备工作

(一)准备待签文本

签约文本一般由签约仪式的主办方准备,准备两份内容一致的待签合同文本,同时要有备份。

在拟写文本时,内容要符合法律规范。文字上要字斟句酌,反复推敲,一个字、一个小数点都不能出错,另外,应仔细核对合同书内容并与对方确认,确保不出现由于合同内容错误而造成的损失,合同协议一旦变成法律文件双方就要承担相应的法律责任。

文本条款要讲究规范性。在任何时候,相关文本的起草都必须符合行文的基本格式。在决定正式签署合同时应当拟订合同的最终文本,它应当是正式的、不再进行任何更改的标准文本。如果有少数民族的语言,应汉语在前,少数民族语言在后。

签署涉外商务合同时,按照国际惯例,待签的合同文本应同时使用有关各方法定的官方语言,或是使用国际上通行的英文、法文、俄文、中文、西班牙文、阿拉伯文。

待签的合同文本应以精美高档的白纸制作而成,合同书应印刷精美并装订成册,并加硬质封皮。

(二)布置场地

首先确定签字地点。在征得签约双方的同意后确定签字地点,场地一般选择在会议室、酒店、洽谈室等处,尽量选择交通便利的活动场所。

布置场地包括签字区的布置以及会场嘉宾区整体的装饰和花草布置,总体风格要庄重整洁,设置长桌,室内可铺满地毯。

签到墙、背景板要包含签约仪式信息、双方企业单位名称,整体设计要贴合签约仪式的主题。

签字桌采用长桌,铺上桌布,桌牌要包含单位及领导姓名等信息。在签字桌上,应事先安放好待签的合同文本以及签字笔、吸墨器等签字时所用的文具。

签署涉外商务合同时,还需在签字桌上插放各方的国旗。插放国旗时,在其位置与顺序上按照礼宾序列摆放。例如,签署双边性涉外商务合同时,双方的国旗须插放在该方签字人座椅的正前方。

签约仪式最关键的就是位次排列问题。双边签约时,在签字厅里,桌子要面对着门横放,双方主签者应面对正门坐在桌子的后面,以右为上,客方坐在右方,主方坐在左侧。双方各自的助签者分别站立在各自一方签字者的外侧,随时对签字者提供帮助,即主方助签者应该站在主方签字者的左侧,客方的助签者应该站在客方签字者的右侧。双方其他的随员按照地位最高的人靠中间、地位最低的人靠两边站立,依次自左至右(客方)或是自右至左（主方）地列成一排，站立于己方签字者的身后（见图7-1）。

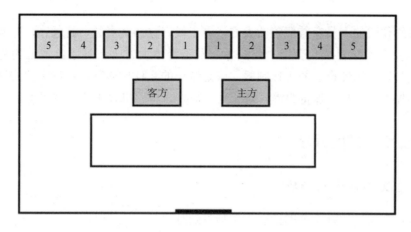

图7-1　签约仪式位次示意图

当一排站不完时，可以按照以上顺序并遵照"前高后低"的惯例排成两排或三排。原则上，双方随员人数应大体上相同。

说明：这里位次的左和右指的是当事人的左和右或者指椅子的朝向，应避免造成错误的位次排列。

另一种情况是多边签约。一般只设一个签字桌和签字位置，各方签字者签字时，按照各方事先达成的先后顺序，依次上台签字。助签者一同随行，依"右高左低"的原则，助签者站在签字者的左侧，其他相关各方人员按一定的顺序在台下就座。

（三）人员的安排

人员的安排包括安排双方的签字人员，确定邀请的嘉宾，预约相关媒体人员。主席台及台下嘉宾座位要事先计算，安排合理的数目。现场服务工作人员分工负责，维持现场秩序，提高工作效率，确保签约顺利完成。

签字双方人员事先沟通确定好，注意双方签字人员身份应该对等。对于邀请的人员至少提前一周发放邀请卡，并确认仪式当天是否能到场。

（四）准备签字用品

签字用品包括合同文本、合同夹、签字笔、胸花、长桌、桌布、桌牌、椅子、鲜花、水果、香槟、酒杯、音响设备等，在签约仪式开始前要逐一检查确认。

二、签字时间的确定

签约仪式的时间要精确到年月日时，尽量避开周末和节假日，方便参会人员出席，应至少在活动前一周发出邀请函。

三、现场表现

参加签约仪式的人员穿着要整洁大方,男士最好穿西装套装,打领带,穿制式皮鞋,以示正规。女士要穿套装、套裙,化淡妆,发型得体大方。在签字仪式上的礼仪服务人员、接待人员,可以穿自己的工作制服,或是统一的礼仪性服装。在签字仪式进行的整个过程中,参加人员需自觉保持肃静,避免大声喧哗,将手机设置成静音状态。

四、签字仪式的程序

(一)嘉宾签到进入会场

工作人员在现场做好相关的指引,控制签到时间。

(1)安排双方代表就座,发放并要求主要签字人员佩戴胸花(服务人员指引进入会场,相关人员佩戴胸花)。

(2)确认实际到会人员名单。

(3)安排双方领导人礼节性会见。

(4)会见结束后,按照事先安排的座位入座,助签者站在签字者旁边。

(5)提前安排应邀嘉宾和媒体的位置,并贴上"嘉宾席""媒体席"的标签。

(二)签字仪式开始

(1)主持人宣布签字仪式开始,简单介绍合作经过。

(2)主持人介绍签约代表和到场嘉宾及媒体。

(3)双方领导人简短讲话,介绍签约项目。

(三)签字人员签署文本

签约仪式开始,有关各方人员进入签字厅,相互致意握手,在既定的位置上就位。签字人开始正式签署合同文本。双方的助签者分别站立在各自一方签约者的外侧,其余人员站立在各自一方代表身后。助签者翻开合同夹,指明合同签字的地方,双方先各在自己方的文本上签字,然后与对方交换签字。助签者在旁用吸水纸按压签字处。

按照商务礼仪规定:每个签字者在由己方保留的合同文本上签字时,按惯例应当名列首位。所以每位签字者应首先签署己方保存的合同文本,然后再交由他方签字人签字。这一做法在礼仪上称为"轮换制"。它的含义是在位次排列上,轮流使有关各方均有机会居于首位一次,以显示机会均等、各方平等。

签字完毕后,双方同时起立交换文本,热烈握手,祝贺合作成功,全场人员热烈鼓掌表示喜悦和祝贺。

（四）共饮香槟酒互相道贺

交换已签的合同文本后，签字者当场干上一杯香槟酒，高举酒杯示意，互相碰杯祝贺，这是国际上通行的用以增添喜庆色彩的做法。签字仪式上饮用的酒是香槟酒，其他的酒都不可以，而且只能饮用一杯。

（五）签约双方以及到场重要嘉宾合影留念

签约双方可以在签约过程中合影留念，签约完成后签约双方也可以和重要嘉宾在事先安排的位置合影留念，合影位次排列的原则是前为上、右为上、中为上。

（六）媒体采访

一般重要的签约仪式都会邀请相关的媒体见证，因此需要安排专门的媒体采访，时间控制在 20 分钟以内。

（七）签约仪式结束

相关人员有序退席，请客方先退场，主方再退场。

思考与练习

1．问答题
（1）日常办公室接待的步骤有哪些？
（2）剪彩人员如何确定？
（3）颁奖仪式的程序有哪些步骤？
（4）签约仪式中的位次应该如何排列？
2．论述题
（1）作为商务人员，商务接待是否重要？
（2）商务接待中，是否可以用方言与参观到访者沟通？
（3）作为一名剪彩人员，着装应该如何准备？
（4）请简述颁奖礼仪中托盘的姿势和奖品的拿法。
3．练习题
（1）分组模拟 3 人剪彩仪式。
（2）模拟一次正式的商务接待。

第八章 言谈礼仪

导读

言谈礼仪是指靠言语、体态和聆听构成的沟通方式，指两个或两个以上的人所进行的对话，是双方知识、阅历、教养、聪明才智和应变能力的综合表现。在交谈过程中，听者身体微微前倾，表情温和大方，眼睛自然地平视对方进行眼神的交流，可以给人亲切之感，表示对谈话内容很感兴趣，这种表情和动作的配合有助于良好的沟通。言谈表达的声音形式体现在说话的语速、语调、语气等方面，所以人际沟通交谈时的语速、语调、语气起着非常重要的作用。言为心声，礼貌的称呼、适当的赞美、有效的说服、巧妙的拒绝都是言谈礼仪中不可或缺的重要组成部分。

学习目标

1．正确运用语速、语调和语气等元素表达语言的内容。
2．熟练使用礼貌用语。
3．掌握言谈中赞美、说服、拒绝的方法和技巧，并应用于实践中。

第一节 语速、语调、语气

言为心声，声音是言谈的载体，声音的具体形式体现在说话的语速、语调、语气等方面。不同的言谈场合和谈话语境需要不同的语速、语调、语气搭配组合。

一、语速

语速是文字或人类表达意义的语言符号在单位时间内所呈现的词汇速度。语言专家经研究得出结论：人类耳朵接受语言的信号是每秒 7~8 个字，能分辨出来的字数大概 4~5 个，所以正常语速在每分钟 240~300 字，一般每分钟在 240 字为宜。

语速有快速、中速、慢速三种情形。在日常言谈交流时，根据不同的职业、场景、年龄、思想感情的需要，语速表达也有所不同。

有些职业特点要求语速偏快。像播音员的语速达到每分钟 300 字，节目主持人在主持节目时、记者在采访时语速也会较快。语速快慢和人的脾气性格也有关，急脾气的人一般语速偏快，慢性子的人一般语速偏慢。另外，从年龄上来说，一般青年人语速偏快，老年人语速偏慢。

一般在感情变化不大的情况下要语速适中，既不要太快，也不要太慢，如平常的叙事、说明、陈述等。这种语速也是人们运用场合最多的语速，像开会发言、商业洽谈、总结报告、介绍产品等，中速的语速表达不快不慢、从容淡定。

在表达热烈、激动、愤怒、紧张的思想感情时，语速要快些。在表达沉重、悲伤、怀念、失落的思想感情或用于叙述庄重的情境时，语速要放慢。例如播音员在播报逝世的消息时应表情肃穆，慢速播报。

语速的快慢只是一个相对的概念，在语言交流过程中切忌不能像连珠炮似的那么快，也不能慢慢悠悠让人等得不耐烦，总之，语速快慢要恰到好处。

语速训练方法：

练习语速的方法有很多，如倾听别人的谈话、诵读、听广播模仿，都可以增进学习，改善语速。

第一，朗读练习。

练习语速可以经常有感情地朗读诗歌、散文、报纸、新闻。朗读时吐字要清晰，发音要准确，声音大小要适中，开始练习时语速要慢，把每个字音尽量完整饱满地发出来，力求做到字正腔圆，把不熟练的地方重复诵读；记录自己每分钟朗读的字数，语速偏慢时注意提高速度，语带偏快时吐字要清晰、不停顿；还可以自我录音倾听体会语速的变化带来的不同情感的表达，反复研究对比，找到最舒服的感觉，直到满意为止。此类朗读训练，每天坚持半小时。

第二，日常交流中练习。

在平时的工作、学习、日常生活交流中，要有意识地锻炼语速。找一个同伴，可以请对方随便讲一个故事，听完后完整地叙述出来，保持适中的速度，该快时快，该慢时慢，这样长期坚持下来，就会慢慢掌握良好的说话速度。

第三，听广播去模仿。

播音员语速适中、吐字非常清晰，自己每天可以跟着新闻联播，边看边跟读，吸取别人的经验，改善自己的语速水平。听新闻、听广播也可以做同样的练习；还可以模仿自己最喜欢的某位播音员，一句一句地模仿他的语速，反复练习，不断修正，语速表达水平就会提高。

二、语调

语调就是说话的腔调、语气和停顿，就是一句话里声调高低、抑扬轻重的配制和变化。同样的一句话，不同的语调所表达的意思就会不同，甚至会相差甚远。构成语调的因素很复杂，因为它包括整句话声音的高低、快慢、长短、轻重的变化。下面仅从停顿、重音和升降三个主要方面做一些简要的介绍。

1. 停顿

停顿是指口头表述中，词语之间、句子之间、层次之间、段落之间在声音上的间断。停顿是有声语言表情达意的必要手段，适当的停顿，可以准确地表达语言的内容和情感，同时，也会给听者领会和思索的时间，还可使说话者得到换气歇息的机会。

在什么地方停顿取决于表达的需要。一般来说，停顿有以下几种：一是自然停顿，即词语或句子间的自然间隔；二是文法停顿，即段、句之后的较长一点的停顿；三是修辞停顿，即由于某种修辞效果的需要而做出的停顿；四是感情停顿，亦称"心理停顿"，是为了表达语言蕴含的某种感情或心理状态所采取的停顿。感情停顿是一种极其重要的语言表达技巧，恰当地运用感情停顿，可使悲痛、激动、紧张、疑虑、思索、想象等各种感情和心理状态的表达更加准确。它能充分展现"潜台词"的魅力，使听众从"停顿"中体会语言的丰富内涵和难以言表的感情，从而使语言表述更加生动。

对口语表达来说，应综合运用这几种停顿，更有效地表达言谈者的思想感情。

2. 重音

重音可以分为以下几类：按句子的语法规律重读的音，如谓语、定语、状语、补语和代词往往用语法重音；还可以根据说话的内容和重点确定句子的重音；有时为了表示某种特殊的感情和强调某种特殊的意义而故意说重一些的音，目的在于强调某个部分。具体在什么地方该强调并没有固定的规律，而是受说话者所处的环境、内容和感情支配的。同一句话，强调重音不同，表达的意思也往往不同。

举例：

我去过北京。（强调"谁去过北京"）

我**去**过北京。（强调"去没去过北京"）

我去过**北京**。（强调"去过的地方是北京"）

3. 升降

升降是指句调的高低变化，贯穿于整个句子的高低升降变化。全句声音的高低升降最能表达出说话者的态度和感情。句调基本上分为平调、降调和升调三种。

（1）平调。说话语调没有明显的高低升降变化，一般用于叙述说明的语气和表示严肃、庄重、冷淡的情绪，语调平稳，没有什么重读或强调的显著变化。一般叙述、说明，以及表示迟疑、深思、悼念、追忆等思想感情的句子，常用这种语调。

（2）降调。说话时句尾下降，语调由高逐渐降低。降调通常用于表示肯定、自信、赞扬等语气，如果表示祈求、惋惜、悲痛、哀叹等，语调也用降调，而且往往降得比较明显。例如，

你家的装修真有品位。（表示肯定）

（3）升调。说话时句子尾句上升，语调由低逐渐升高。升调通常用于表示激情、赞美、疑问、反问、惊异、命令、呼唤、号召的句子。

句尾升起的调子，一般用于意思还没有完全说完的句子，让听的人注意下面还有话

说。此外，它还用来表示疑问、惊异、号召等语气。例如，

做完功课了吗？

难道真是这样的吗？

三、语气

语气是在一定的具体思想感情支配下具体语句的声音形式。语气的感情色彩和语气的分量是语气的灵魂，因此我们在学习运用语气技巧时要把握好这两个方面。

语气的感情色彩，主要是指言谈话语所包含的喜、怒、哀、乐、恐等感情方面的具体性质，不同的感情色彩需要通过不同的声音形式来表现。

语气的分量就是把握好感情色彩的分寸、火候，一方面，语气的感情色彩要区分出浓淡强弱的不同层次；另一方面，语气的分量也应区分出轻度、中度和重度三个等级的变化。

正是语气感情色彩和分量上的种种细微差异，形成了丰富多彩的具体的思想感情和鲜明个性的句子，也决定了声音形成的千变万化。此外，在不同的场景、不同的感情色彩中，声音形式的表达也要注意有所区别。

- 表达喜庆欢乐时，感情饱满、声音高扬。
- 表达亲切柔和时，感情细腻、声音放轻。
- 表达愤怒强调时，气足声重，但不能一直呐喊。
- 表达否定批评时，色彩比较鲜明，声音温和但有力量。
- 表达肯定赞美时，声音有力、气息饱满、满怀激情。
- 表达坚定信念时，语气坚定有力、激情洋溢、极具说服力。
- 表达深情怀念时，感情真挚，声音缓慢而低沉。

语气是以一句话为单位的，在交谈时要避免每一句话的语气都一样，应根据具体的语言环境、不同的感情色彩，通过不同的声音表达出来。如一句最常见的问候语"你好"，因为语气的不同，表达的感情色彩也就不同，气息平稳、声音轻柔，表达怜爱的思想感情；气息饱满、声音高扬，表现喜悦的情绪；而气息不足、声音平铺直叙，则会让人有冷漠的感觉。

语气的训练可以从一句话开始进行有针对性、有目的地练习。感情色彩要由单一到复杂，练习的幅度要由大到小，训练材料要由短到长、由易到难。

第二节 礼貌用语的选择

礼貌用语是现代文明社会的首要标志之一。在人际交往的过程中，恰到好处地使用礼貌用语，可以表现出一个人的友好和善意，传递出对交往对象尊重、敬佩的信息，同时能够表现出讲话者良好的文化素养及待人处事的实际态度，有助于交往双方之间互相产生好

感，互相达成谅解。

一、礼貌的称呼

称呼指的是人们在日常交往中所采用的对彼此之间的称谓语。在人际交往中，特别是在与陌生人打交道时，人们对于他人对自己的称呼是非常重视的。恰当地称呼对方，既能体现对对方的重视和尊重，同时也能体现自身的修养程度。

称呼别人时有以下几种情况。

（一）正式场合的称呼

1. 社交性称呼

在商界、服务性行业以及国际交往中，一般来说，对男子泛称"先生"，对女子泛称"女士"，已婚女子称"夫人"，未婚女子称"小姐"。这些称呼可以加上姓名、职务、头衔等，如 Black 先生、议员先生等，史密斯小姐、伯爵夫人等。

2. 职务性称呼

以交往对象的职务相称是一种常见的称呼方式，以示身份有别，敬意有加。

（1）称呼行政职务。如总理、部长、县长、局长、董事长、主任等；可在职务前加上姓氏或姓名，如李克强总理、王部长、张县长、杨局长、刘董事长、李主任等。

（2）称呼职称。对于具有高级、中级职称者，在工作中直接以职称相称，如教授、工程师、会计师等；称呼时可在职称前加姓氏，如金教授、刘工程师、王会计师等。

3. 行业性称呼

对于从事某些行业的人以其行业名称相称，如老师、医生、律师等；可在对方的职业前加姓氏来称呼，如胡老师、王医生、李律师等。

4. 军队称呼

在军队中称呼对方军职，需正职、副职分明，也可以称呼其军衔，如副军长、连长、班长等；可以在对方的军衔前加姓氏来称呼，如王副军长、赵连长、李班长等。

（二）非正式场合的称呼

1. 亲属性称呼

亲属性称呼适用于有着亲属关系的人。如爷爷、奶奶、爸爸、妈妈、伯伯、叔叔、姑姑、舅舅、阿姨、哥哥、姐姐、表弟等。

2. 非亲属性称呼

如果对方和自己没有亲属性关系，则称呼辈分，如爷爷、奶奶、阿姨、叔叔，也可以在姓氏上加上辈分来称呼，如李奶奶、张叔叔等。

姓氏之前也可以加上"老"或"小"，如老张、老陈、小宋、小赵等。

另外，同学、好友或老乡可以直接称呼其姓名。

（三）特殊称呼

（1）"同志"这个称呼随着时代的发展有了一些新的含义。在党内是通用的，在党外可以不用。

（2）"爱人"这个称呼在国内适用于称呼合法的配偶，但到了国外却往往会被理解为"情人"。

（3）"老师"这个称呼一般不能自称，有好为人师之嫌，除非自己的职业是老师。

（4）"巡视员"是指厅、局级行政虚职，"调研员"是指县、处级行政虚职。

（四）称呼他人时的注意事项

在实际生活中，称呼他人时，必须对交往对象的语言习惯、文化层次等各种因素加以考虑，并分别给予不同的对待。

（1）称呼要符合对方身份。例如先生、小姐、夫人一类的称呼，在国际交往中最为实用。但是用来称呼老百姓不太合适，也不顺耳。

（2）避免简称。如马处长简称"马处"，范局长简称"范局"，都是不合适的。

（3）不称呼对方就直接开始谈话是非常失礼的。

（4）称呼对方不能省略主语，也不能有不敬的称呼。如直接称呼"推车的""看门的""教书的""老头儿""当兵的"是非常没有礼貌的。

（5）称呼熟人和老年人时可采用一些非正式的称呼，如"张大伯""李大妈""大哥""大姐"等。这些称呼会使对方倍感亲切，但在职场中称兄道弟是不合适的。

（6）不称呼别人的外号。

（7）一些地域性强的称呼要慎用。如"师傅"这个词在北方曾经是亲切的称呼，在南方则是指出家人；像"龟儿子""老子"在四川并不是要占便宜的话。

（8）在称呼对方时还要注意"称高不称低，谓小不谓大"。"称高不称低"是指在称呼职务时级别要就高不就低，如宋某在大学是副校长，我们一般称他宋校长而不是宋副校长；再如有双职务的一般称呼高一级的职务。"谓小不谓大"就是看到对方年龄像大妈的要称作"大姐"，看着年龄像大叔的要称作"大哥"。

二、礼貌用语的选择

根据不同的场合和不同的情境，礼貌用语可以分为问候用语、迎送用语、请托用语、致谢用语、征询用语、应答用语、祝贺用语、道歉用语等几种类型。

（一）问候用语

问候又称"问好或打招呼"，是指人们在公共场所相见之初时，彼此向对方问候致以表达敬意或者关切之意。每天的见面问候是社会活动的第一步，也是人与人接触的基本礼貌。

问候他人时，具体内容应当简练规范，且在不同的场合有不同的问候方式。

1．上班问好

上班见面时可直截了当地向对方进行问候，如"您好""大家好""各位好"等。

2．正式场合遇到自己认识的人

在问好之前加上适当的人称代词或者其他尊称，问好模式为"姓+职务+好""职务+您好""姓+小姐（先生）+好""姓名+您好"。如"赵总好""杨校长好""局长您好""李小姐好""王辉您好"等。

3．情境式问好

情境式问好采用"时间+尊称+问候语"的模式，在问好之前加上具体的时间。如"早上好""中午好""下午好""晚上好""晚安""周末好"，或者在二者之前加以尊称"各位下午好""小姐，早上好""高先生，晚上好""张经理，早上好"等。

4．提问式问好

提问式问好，也叫问答式问好。如"您吃了吗？""嗨，你最近怎么样？"等。日常打招呼还可以用一些非正式的疑问句。如"您干什么去？""您还没有休息呢？"等。

5．评价式问好

评价式问好是告诉对方自己对对方积极正面的评价。如"您今天的气色真好！""您今天穿的衣服真漂亮！"等。

（二）迎送用语

迎送用语是工作人员在工作岗位上欢迎或者送别服务对象时的用语。迎送用语具体又可划分为欢迎用语与送别用语。

1．欢迎用语

欢迎用语又叫迎客用语，它是交往对象光临自己的工作岗位时所要用到的礼貌用语。最常用的欢迎用语有"欢迎""热烈欢迎""欢迎光临""欢迎您的到来""莅临本店不胜荣幸""见到您非常高兴"等。如果交往对象再次光临，为了表示自己记得对方，可以加上对方的尊称，如"杨经理，欢迎光临""王秘书，我们又见面了"等，这样能让对方有被重视的感觉。

使用欢迎用语时应配合使用问候语，同时主动向对方施以见面礼，如微笑、点头、注目、鞠躬、握手等。

2．送别用语

送别用语又叫作告别用语，它仅适用于送别他人之际。最为常见的送别用语主要有"再见""慢走""一路平安""欢迎再来"等。在使用送别语时，要同时采用一些适当的告别礼，如鼓掌、挥手等。但是在特殊的单位或部门里，使用不恰当的送别用语，会让人感到不吉利。如，在医疗部门，对病愈者出院时说"欢迎再来"就很不妥，用"祝您健康"就比较合适；又如在缴纳违章罚款后，工作人员也不宜说"欢迎再来"，应改为"祝您好运"。

（三）请托用语

请托用语是在请求他人帮忙或托付他人代劳时使用的礼貌用语。最常见的请托用语是一个"请"字，如"请稍等""请您稍候""请您让一下"。请他人帮忙时加上一个"请"字，更容易被对方所接受。

在向他人提出某一具体要求时，也要使用请托用语。如请人让路、请人照顾、打断对方的交谈时可用"劳驾""拜托""打扰""借光""请关照"等。

（四）致谢用语

致谢用语又称道谢用语、感谢用语。在人际交往中使用致谢用语，意在表达自己的感激之意。

在下列这些情况下，应当及时使用致谢用语表达自己的感谢之意：获得他人帮助时、得到他人支持时、感谢他人善意时、赢得他人理解时、受到他人赞美时、婉言谢绝他人时。

标准式的致谢方式是"谢谢"。另外，为使致谢对象更明确，还可以在标准式致谢语前面或后面加上尊称，如"金先生，谢谢""谢谢王书记""谢谢您""谢谢大妈"等。

有时为了强化感谢之意，可在标准式致谢用语之前加些副词，如"多谢了""太感谢了""十分感谢""非常感谢"等。此外，还可以在致谢时一并提及事宜的原因，如"这件事情让您太操心了""上次给您添了不少麻烦"。

（五）征询用语

征询用语有时也叫作询问用语。征询用语适用于了解对方需求、给予对方选择、启发对方思路，或征求对方意见时使用。在进行征询时使用必要的礼貌用语才会取得良好的反馈。

常用的征询用语有"请问您需要帮助吗？""我能为您做点什么？""请问您需要什么？"等。

（六）应答用语

应答用语是回应对方的召唤，或答复对方的询问时所使用的专门用语。应答用语讲究随听随答、有问必答、灵活应变、尽力相助、不失恭敬。

较常见的应答用语主要是肯定式，如"是的""好的""我明白您的意思""很高兴为您服务""我会尽量按照您的要求去做"等。当对方表示满意，或直接进行口头表扬表达感谢时，一般采用谦恭式应答，如"这是我的荣幸""请不必客气""这是我们应该做的""请多多指教""过奖了"等。当对方因故向自己致歉时，应及时予以接受，并表示必要的谅解，这时应常用谅解式应答，如"不要紧""没关系""我不会介意"等。

（七）祝贺用语

在人际交往的过程中，适时地使用一些祝贺用语，向交往对象送上一句真诚的祝贺，能为你们的关系锦上添花。祝贺用语非常多，主要有以下几种方式。

1. 应酬式祝贺用语

常见的应酬式祝贺用语有"祝您成功""祝您好运""一帆风顺"、"心想事成""身体健康""全家平安""生活如意""生意兴隆""事业成功"等。除此之外，"恭喜恭喜""向您道喜""向您祝贺""真替您高兴"等也属于应酬式的祝贺用语。

2. 节日祝福祝贺用语

节日祝福祝贺用语主要在节日庆典以及假日时使用，它的时效性很强，使用的时间不能延迟。

常见的祝福祝贺用语有"过年好""新年快乐""春节愉快""恭喜发财""鼠年大吉""活动顺利""假日愉快"等。

3. 喜庆祝福祝贺用语

这类祝贺用语适用于在对方喜庆的日子送去祝福时使用，如"生日快乐""福如东海，寿比南山""新婚快乐""百年好合""白头偕老""早生贵子"等。

（八）道歉用语

人际交往过程中，由于种种原因给对方带来不便或者妨碍、打扰到对方时，都需要及时地使用规范的道歉用语向对方赔礼道歉。常用的道歉用语主要有"对不起""请原谅""抱歉，失礼了""失迎了""失陪了""失敬了""请恕罪""不好意思，多多包涵""十分失礼，很是惭愧"等。

道歉用语有很多，要根据不同对象、不同事件、不同场合恰当地进行选择使用。日常生活中最常用的是文明礼貌十字用语："您好！""请！""对不起！""谢谢！""再见！"我们应该在生活、工作中养成经常使用礼貌用语的好习惯。

第三节　赞美的技巧

如果有人问："有什么技能能让人在短期获得，并且还能给生活带来不错的回报？"答案就是——赞美别人。

卡耐基曾说过："时时用使人悦服的方法赞美别人，是博得人们好感的好方法。"赞美是成本最低、回报最高的人际交往法宝。接下来我们一起看看有哪些使人悦服的赞美方法和技巧。

一、赞美方法和技巧

（一）主动向他人打招呼

主动打招呼是愉快交谈的开始，也是赞美的开端，意味着心中有敬、眼中有人。

（二）赞美要具体

空泛化的赞美显得虚伪，而具体化的赞美则显得真诚。

1．赞美外貌

对于女士相貌的赞美，不一定局限于其整体带来的观感，也可以针对某一细节进行赞美。如称赞女士的眼睛漂亮有神采，或者鼻子漂亮很挺拔，还可以夸赞女士的肌肤白皙或者身材姣好等。如"你的身材这么好，有什么秘诀吗？""你的牙齿又白又整齐。"

赞美男士的外貌时可以说："您的身材修长挺拔，真是玉树临风啊！""您目光深邃，一看就是一位有思想的人。"

总之，赞美得越具体、越有针对性，就越显真诚。

2．赞美事业有成

称赞对方事业有成可以说"精明能干""运筹帷幄""经营有道""领导有方"等。

在征求与他人合作时，也不要吝惜赞美之词。

示例：

"我很高兴与您合作，因为您见多识广，站位很高，非常有远见。"

3．赞美着装品位

赞美一个人的着装品位时，要强调具体好在哪里。

示例：

"这套西服的质地和剪裁都很讲究，非常符合您的气质，您穿上真是帅极了！"

"您衬衣的袖扣真别致，材质精良，品位独特。"

"您领带的花色真高雅。"

4．赞美言谈举止

在面对言谈举止不凡的对象时，可以适当地表达赞美并加以肯定。

示例：

"早就听说您的口才不俗，今天听您引经据典、妙语连珠，果然名不虚传。"

"您的语调独特，言谈话语中充满了感染力。"

5．赞美家居环境

居家环境也能体现出一个人的审美品位，适当地加以赞美，能够让房屋主人心生愉悦。

示例：

"先生，您家真漂亮，您的眼光真是与众不同！庭院好漂亮，自己整理的吗？真是独具匠心，看着就很享受啊！"

"您家窗帘和壁纸的颜色非常协调,颜色好雅致!"

6. 赞美家庭成员

在社交场合中,如果对方携带了家眷,可以用赞美的语句当作对对方的问候。在先生面前要赞美太太,在太太面前也要赞美先生,有孩子的要赞美孩子,对长辈要赞美老人家身体健康等。

示例:

"您真有福气,能娶到这么贤惠漂亮的太太。"

"你家孩子真懂事,既会关心父母,还懂照顾他人。"

7. 赞美对方特长

适当夸赞对方的兴趣爱好和特长,如音乐、舞蹈、厨艺、钓鱼、下棋、运动等,能够激发对方的自我认同感,同时也能体现自己对对方的了解和重视程度。

示例:

"您的摄影技术堪比专业摄影师,是不是特地和专业大师学过啊?"

"徐小姐,您的字写得既工整又秀气,真是字如其人啊!"

"您的声音真好听,像播音员一样富有磁性。"

"您做的这道菜色香味俱全,让人垂涎三尺,真是大厨水平啊!"

(三)及时夸赞对方的喜事

升职、升薪、乔迁、结婚、生子等喜事具有一定的实效性,要善于抓住机会表达赞美和祝贺。

同事升职了,第二天见面时要用高职称呼他,这种称呼本身就是一种赞美和肯定;听闻同事、邻居、亲友的孩子考上了重点大学,要赞美孩子"天资聪颖""勤奋刻苦""虎父无犬子"等;朋友乔迁时要赞美房子的地段优越和环境优美、布置高雅等。

(四)看似否定实则肯定的赞美

有些赞美看似是指责,其实表达了对对方的关心。例如,"你真是个工作狂啊,太不注意身体了。"这样既赞同了对方对待工作认真负责的态度,同时传递了自己的关心。

(五)背后赞美

我们在背后称赞他人时,是真诚的、发自内心的、不带私人动机的,这样的赞美不仅能让对方心情大好,还会给自己带来意想不到的好运。间接夸赞,传达第三者的赞美,会得到双方的好感。

知识链接

湖南卫视综艺《声临其境》里有一期节目,倪萍找来了董卿做自己的助演嘉宾,董卿的高人气为倪萍获胜增加了不少胜算。大家都很好奇,倪萍是怎么想到找这位助演的。对此倪萍解释道:"我给她发短信,说你有空就来,然后她就来了。"

事情看似很简单,但背后却大有奥妙。实际上她们俩私底下并没有什么往来,董卿之所以答应来,完全是因为一句话。

在董卿事业刚起步时,有一天她很意外地听到同事说:"董卿,倪萍那天夸你了。"这让董卿很兴奋,也很受鼓舞。所以在收到倪萍的短信时,虽然自己不是配音演员,但还是想努力尝试,站在姐姐身边,以此告诉她:"这么多年你没看错人。"当年的一句赞美,促成了如今的同台相助。

(六)记住特别的日子或事件

牢记对方姓名是人际交往中最基本的要求,除此之外,还要在能力范围内记住对对方来说重要的日期和事件,可以在记事本中记下对方的联系方式、生日、特长、爱好、配偶的名字、孩子的名字等。

知识链接

周总理作为一位伟大的外交家,在这方面堪称我们的典范。1972年2月21日,美国总统尼克松访华,周总理设国宴招待全体美国客人。席间军乐队特地演奏了《美丽的阿美利加》,乐曲奏响后尼克松非常高兴,感动得热泪盈眶。因为这是他最喜欢,并指定在就任总统典礼上演奏的乐曲。敬酒时,他特地到乐队前表示感谢,并要给他们发奖。

(七)信任的能量

信任等于授权加支持,是对对方的一种充分的肯定和赞美。当有艰巨任务需要别人去做时,可以这样去表述:"只有你……能帮我……能做成……""这件事非你莫属",来传达对对方的信任,对方就会更容易接受。

二、赞美的注意事项

1. 赞美要适度

虽然说赞美是人际关系的润滑剂,但如果赞美变成"溢美",就会使赞美贬值,所以赞美要恰到好处,掌握分寸。

2. 赞美要实事求是

赞美与吹捧是有所分别的,真正的赞美是建立在实事求是基础上的,是对他人所长之处的一种实事求是的肯定与认同;而吹捧则是夸大其词地对别人进行恭维和奉承,纯粹就是为了讨好。如身材姣好的女士,赞美她苗条她会很高兴,如果这句话用于一位肩宽、腿粗、体型壮硕的女士,就会令人匪夷所思。

3. 赞美要真诚

赞美应该发自内心,而不是靠说话技巧来展现,要站在欣赏他人的角度来产生赞美的意愿。

4. 赞美的表达

在表达赞美时不要犹豫,并要配合亲切的眼神和身体动作,眼睛要注视对方,表情要面带微笑,语调要热情生动,赞美语言要简练、通俗易懂。

赞美别人不但能使对方快乐,同时也会使自己获得满足,实际上等于在肯定自我。在生活和交往的过程中,我们需要经常留意别人身上那些可以赞美之处,多去肯定、去欣赏、去赞美,让赞美成为一种习惯。

第四节 说服的技巧

在日常生活和工作中,人们不可能都具有相同的想法,如果想让对方同意、赞同自己的想法,说服别人是最好的方式。说服就是让对方的想法和自己达成一致,它不同于争论,不会让对方成为对手,而是为了让他们接受那些对自己有益却因为种种原因还没有被他人理解的东西。下面就来介绍一些说服的技巧。

一、诚恳礼貌、态度友善

要想说服别人,就一定要用真诚的话语打动别人,目光带着真诚,语言透露出肯定,表情和颜悦色,用提问的方式而不是用命令的语气和对方交流,这样既维护了对方的尊严,同时也容易说服成功。

二、充满自信

人们喜欢超强自信的专业技能,这是人类心理作用的结果,所以在说服他人的过程中要保持这种自信,如果你自己都不相信自己,又怎会得到别人的认可?

软银集团董事长兼总裁孙正义就是因为当时仅仅在5分钟时间内就从雅虎公司创始人杨致远闪闪发光的眼神里看到了热情,看到了力量,于是对他刚刚创立的公司投了1亿美元,让他更快地取得了成功,就是因为孙正义被杨致远的自信心所折服。

三、运用肢体语言

肢体是强调观点的工具,可借助肢体动作和面部表情,来强调自己的观点。在交谈过程中,上身可前倾朝向对方,这样会使对方感到更亲切,同时维持良好的眼神交流并适当点头。在演讲时如果身体一动不动地讲就会很乏味,马云在演讲时基本不手持话筒,而是解放双手,用各种手势加辅助动作,有时张开双臂,有时又握紧拳头,这些肢体语言增强了感染力,起到了产生共鸣、达成共识的作用。

四、模仿对方的动作

人们就喜欢那些他们认为跟自己一样的人,通过模仿对方的肢体动作,会让对方认为你跟他是同一类人。如果他们手肘支撑着身体,你也这样;如果他们向后仰,你也向后仰;如果他们伸开手,你也伸开手,这样会拉近双方的距离,有利于说服对方。

五、反复

合理重复同样的信息,便可加深对方的印象,而且重述提及观点的重要性,能够给予对方消化信息的时间。

有一位演讲者过几分钟就会用十几秒钟的时间提到他一个多年研究的成果,刚开始听众并没有在意,但是半小时内他反复多次提出同样的信息,就让人产生了去探寻甚至去购买的想法。这就是通过反复强调从而起到说服的案例。

六、风趣幽默

幽默是一种高超的语言艺术,其特点主要表现为机智、风趣、自嘲、调侃等。幽默常会给人带来欢乐,有助于消除敌意,缓解摩擦,防止矛盾升级。情商高的人幽默感较强。如马云经常当众开自己长相的玩笑,还对自己的不专业进行自嘲,实际上这使自己的魅力有增无减,同时也卸下了听众的"防备"。马云通过谈论自己的"囧事",拉近了他与听众之间的距离,让他变得更加真实、亲切,让人们意识到他并不是一位不食人间烟火的亿万富豪。

所以适当地风趣幽默,开开自己的玩笑,谈谈自己失败的经历,能够帮你快速地与对方打成一片,同时利于说服对方。

七、人品人格魅力

平时别人有麻烦时伸出援助之手,多做助人为乐的好事,说服别人时自然会得到别人的拥护。

新东方创始人俞敏洪大学时期几年如一日地帮助同学们打水、扫地、打饭,后来创业时,同学们都愿意回来跟他一起干,这就是他的人品赢得了同学们的信任和支持。

八、攻心为上

白居易说过:"感人心者,莫先乎情",打动别人、说服别人要动之以情,要站在他人的立场上分析问题,能给他人一种为他着想的感觉,这种技巧常常具有极强的说服力,要做到这一点,知己知彼十分重要。

知识链接

当苹果公司还是一个名不见经传的小公司时,百事可乐已经是全球性的跨国企业了。乔布斯当时想招募百事可乐的副总裁约翰·斯卡利,见面后乔布斯随便聊了聊,就说了一句让天下人都感到震惊的话:"你是想卖一辈子糖水,还是想改变整个世界?"这句话就像琴弦一样撩拨了约翰·斯卡利的心。乔布斯的超级短篇放射出无比巨大的力量,完完全全把约翰·斯卡利震慑住了,最后他被乔布斯说服了,答应去苹果公司出任 CEO。乔布斯的话之所以能触动对方,完全是了解到了对方深层次的需求。

九、情理兼济

先动之以情,缩小自己与对方感情的差距,让对方感觉你与他同心而交,在此基础上,再晓之以理,便能收到比较理想的说服效果。

 **知识链接**

伽利略智劝父亲

伽利略在年轻时就喜欢科学研究,甚至立志一生献给科学。可是在当时的环境下,研究科学是一件极其危险的事,哲学家布鲁诺就因为宣传科学而被活活烧死,因此伽利略的父亲极力反对伽利略进行科学研究。

一天晚饭后,伽利略对父亲说道:"爸爸,我想问你一件事,是什么原因促成了你和妈妈的婚事呢?"父亲说道:"是因为喜欢她。""那你没有喜欢过别的女人吗?"伽利略又问道。"没有,那时候家里要我娶别的女人,可是我只喜欢你妈妈。"伽利略说道:"爸爸,你真有眼光。妈妈现在依然是最美丽的女人。可是爸爸,你知道吗?现在我也面临着当初你的处境:现在除了科学研究,没有一份工作能够吸引我。我不会去追求财富和荣誉,科学是唯一对我有吸引力的职业。"父亲说:"我对你母亲是寻找终身的伴侣,可是你只是选择一份职业而已!"伽利略说道:"爸爸,我已经 18 岁了,别的学生,哪怕是最穷的学生,也会考虑自己的未来,我也一样。也许别的人都在想寻求一位标致的姑娘作为终身伴侣,可是我只愿与科学为伴……"父亲似乎有所感悟,仔细地聆听。伽利略接着说道:"亲爱的爸爸,请你相信我此生与科学为伴,一定可以生活得很快乐!"

伽利略的父亲为难地说道:"可是,孩子,我没有太多的钱供你上学。"

伽利略听到父亲这样说,非常高兴,他说道:"是的,爸爸,我们虽然不富裕,可是爸爸,我可以去领取奖学金啊!你在佛罗伦萨有那么多的好朋友,你和他们交情都不错,为什么我们不寻求他们的帮助呢?"父亲被说动了,赞同地点了点头:"嘿,你说得也许对,我们可以试一试!"

伽利略抓住父亲的手说道:"爸爸,我求求你,科学是我的最爱,希望你能帮我达成这个心愿。"就这样,伽利略最终说动了父亲,在父亲朋友的帮助下,伽利略进入了佛罗伦萨大学，并通过努力实现了自己的理想，成了一名伟大的科学家。

伽利略能够成功说服父亲，很大程度上在于伽利略从内心深处打动了父亲，让父亲与自己产生了心理共鸣，最终让父亲在佛罗伦萨的朋友帮助自己实现了科学梦。

十、晓以利害

俗话说："两利相权取其重，两害相权取其轻。"趋利避害，这是人之常情，当你试图说服别人时，应该顺应人类这一本性，晓以利害，分析得失，方能达到理想的效果。

知识链接

世界酒店之王康拉德·希尔顿在创业初期，发现整个达拉斯商业区仅有一个饭店，他想如果在这个黄金地段建一栋高标准、高档次的大型酒店肯定很赚钱。他选中地段后去找这块地的地产商老德米克，说服对方用租借土地和分期付款的方式签订了购买土地的协议。他拿着土地使用证书，顺利从银行贷款。1924 年 5 月酒店动工了，当工程建到一半时，他的资金陷入了困境。他再次找到老德米克，希望他能出资，把建了一半的酒店继续建完，并提出"酒店一完工，你就可以完完全全拥有它，不过你应该租赁给我经营，我每年付给你 10 万美元租金。"老德米克盘算认为自己不仅可以完全拥有它，每年还可以拿到一笔不菲的租金，于是同意出巨额资金来继续建造酒店，直至酒店竣工。1925 年 8 月 4 日，酒店建成，它就是著名的达拉斯"希尔顿大饭店"。后来康拉德·希尔顿创立的希尔顿旅馆帝国在世界各国拥有数百家旅馆，资产总额达 7 亿多美元。

我们都知道，说服他人要攻击要害，而逐利就是每个人的通病，凡是人都想追求以自我为中心的利益。希尔顿正是用利益唤起对方的注意力，用以对方利益为出发点的劝说方式才成功地说服了对方，最终完成了自己的梦想。

十一、刚柔并济

说服对方应当从对方的特点出发，根据对方的特点，或刚或柔有所侧重，或者刚柔并济，避开话锋达到目的。

知识链接

"一鸣惊人"的故事

齐威王在位时，喜好说隐语，又好彻夜宴饮，逸乐无度，不问政事，将国事委托卿大夫来处理，文武百官也荒淫放纵，各国都来侵犯，国家危在旦夕，身边近臣不敢进谏。淳于髡用隐语劝谏说："国中有大鸟，落在大王庭院里，三年不飞又不叫，大王猜这是什么鸟？"齐威王说："这只鸟不飞就罢了，一飞就直冲云霄；不叫就罢了，一叫就一鸣惊人。"于是就诏令全国七十二县长官来朝奏事，奖赏能办事的官员，杀掉贪污无能的官员，又发兵御敌，诸侯十分惊恐，都把侵占的土地归还给了齐国。这之后，齐国的声威竟维持三十六年。

淳于髡就是根据齐威王喜好说隐语这一特点，用隐语采用刚柔并济的方式劝谏成功的。

十二、因人制宜

说服对方要根据对方的特点在表达方式上因人而异，对文化素养较高的人，语言应该高雅一些，理论性强一些；对一般老百姓，语言应当通俗易懂。

知识链接

秀才买柴的故事

有个秀才去买柴，他对卖柴的人说："荷薪者过来。"卖柴人听不懂"荷薪者"（担柴的人）三个字。但他听懂了"过来"两个字，于是把柴担到秀才面前。秀才问他："其价如何？"卖柴的人也听不太懂这句话，但他听懂了"价"这个字，于是就告诉秀才价钱。秀才接着说："外实而内虚，烟多而焰少，请损之（木柴的外表是干的，里面是湿的，燃烧时会浓烟多，火焰少，请减些价钱吧）。"卖柴的人听不懂秀才说什么，于是担着柴就走了。

这个例子就是由于语言表达方式不当而没有达成沟通目的的典型。

十三、名人效应

当初马云在应聘时，连应聘保安都没被单位录取。后来马云选择了互联网，当马云在公众演讲时说："比尔·盖茨说：'互联网将会改变世界，改变未来……'"此时，马云应用了名人效应，让观众很愿意听下去，效果自然不同凡响。现在很多产品请明星代言，就是利用名人效应起到说服大家购买产品的目的。

十四、巧用激将法

激将法是以激发起对方压倒、超过第三者的决心来达到说服的目的的。

一位女士看中了一套化妆品，但却一直犹豫不决没有购买。这时，销售员上前来微笑着对她说："您看好这套化妆品了吧，如果现在不想买也没有关系，我可以帮您留着，等您回去征求一下您先生的意见再做决定吧。"这位女士立刻回答:"这件事是不用和他商量的。"然后,她立即做出了购买决定。

这个例子就是巧妙地利用激将法,以使客户为维护自尊心,而主动选择购买产品以获得心理上的满足。

十五、以其人之道,还治其人之身

该方法就是借由"以子之矛,攻子之盾"的方式来辩驳对方的观点。

晏子出使楚国,楚王知道晏子身材矮小,便在大门的旁边开了一个五尺高的小洞请晏子进去。晏子不进去,说:"出使到狗国的人才从狗洞进去,今天我出使到楚国,不应该从这个洞进去。"迎接宾客的人只得带晏子改从大门进去。晏子在此就是用了"以其人之道,还治其人之身"的方法成功说服了对方。

十六、消除防范

一般来说,在你说服对方时,对方会产生一种防范心理,从潜意识来说,防范心理的产生是一种自卫表现。那么,要如何消除对方的防范心理呢?可以采用一些方法让对方放下戒备心,如嘘寒问暖给予关心、表示愿意给予帮助等。

知识链接

触龙见赵太后

战国末秦国攻打赵国,赵国向齐国求救,齐国提出必须以赵太后的小儿子长安君去齐国作为人质,方肯出兵相救。赵太后不允,赵国危急,众臣力谏,赵太后听得不耐烦了,便对众臣说:"有谁再提用长安君作人质,我就朝他脸上吐唾沫。"大臣们便不敢再说了。

左师触龙求见赵太后,太后气呼呼地等他来拜见。触龙慢吞吞地走进屋来,见了太后,说:"老臣腿脚不便,因此好久未能见您,我今天来此,特来问候。太后的身体怎么样?饭量没有减少吧?"太后答:"我每天多吃粥。你呢?"触龙说:"我每天坚持散步,饭量有所增加。"太后见触龙不提长安君作人质的事,怒气也就渐渐消了。两人彼此就亲切地攀谈起来。

触龙说:"臣有一个小儿子名叫舒祺,最不成器,恳请太后允许他到宫中做一名卫士。"太后问道:"他多大了?"触龙答道:"今年15岁了,年岁虽小,但臣想趁自己未进棺材时托付给您。"太后说:"真想不到男人也疼爱小儿子。"触龙说:"恐怕比妇人还胜一筹吧。"太后不服气,说:"不,妇人更厉害。"

触龙见时机已到,便说:"臣以为您爱女儿燕后甚于长安君。"太后说:"你错了,我还是喜欢长安君。"触龙说:"父母爱孩子,应该为他们做长远打算。想当初,太后送女儿出嫁时，抱着她痛哭，是因为想到她要远离而不觉哀怜。后来，您却祝愿她的子孙世世代代在燕国为王，这难道不是为她的长远打算吗？"太后听了频频点头。

触龙接着说："现在，您使长安君地位尊贵，封给他肥沃的土地，赐给他贵重的珠宝，但如果不趁此时让他为赵国立功，一旦太后百年之后，长安君能自立吗？所以我说，您对长安君不是真正的爱护。"

赵太后恍然大悟，说："好！这事交给你办了，任凭你派遣他去哪儿都行。"于是，长安君到齐国当了人质，齐国出兵救赵，秦国退兵，解了赵国之围。

这是一个说服人的经典案例，它的开场漫不经心、不着痕迹，触龙对赵太后嘘寒问暖给予关心，双方互拉家常，赵太后因而放下了戒备心，与触龙正常交流，触龙顺势把对方引导到主题上达到了说服对方的目的。

十七、风险逆转

在说服对方的过程中，可以把一些风险转到自己这边让对方消除顾虑以达到说服的目的。比如，现在购物七天无理由退换的办法会让很多人购物无忧；再如英语四级包过班，承诺一次没有通过，下次免费培训。

十八、暗示稀缺性

在说服对方的过程中暗示稀缺性和错过的痛苦性，就是"过了这村没这店"，如"双十一"活动那么火，就有错过还要等一年的稀缺性在发挥作用。

十九、归谬法

归谬法，就是将对方的观点归结到荒谬的程度，这种说服技巧在中国古代经常可以见到。

📖 知识链接

古代有个叫徐雅的读书人，非常爱护树木。一天他看见邻居正挥动着大斧砍伐院内一棵枝叶繁茂的大树，忙上前阻止。邻居说院子四四方方，院中有这么一棵树，正好是个"困"字，怕不吉利，所以才狠心砍去。徐雅听了笑着说，"依照您的讲法，砍去这棵树后院中只留下人，这岂不成了'囚犯'的'囚'字，不是更不吉利了吗？"邻居听了连连点头称是，于是收起斧子，再也不砍树了。"囚"比"困"字更不吉利，从而使追求吉利的邻居幡然醒悟。

说服是一门学问，掌握并恰当运用说服的技巧和方法，使对方心悦诚服，双方才能顺利达成共识。

第五节 拒绝的技巧

乐于助人、互相帮助是中华民族的传统美德。在人际交往的过程中，难免会遇到来自他人的请求，在自身能力范围内，我们要竭尽全力帮助他人。但遇到特殊情况时，如时间不适、能力未及，或对方提出一些不合理的请求，我们也要学会合理拒绝。直截了当的拒绝免不了会伤和气，委婉的拒绝则能够有效缓和关系僵硬的局面。

本节将介绍一些人际交往中拒绝他人的准则和技巧，并结合语境让人们能够将这些实用技巧应用到实际生活中。

一、拒绝他人的准则

（一）态度真诚、语气温和

拒绝时之所以要委婉，是为了减轻双方的心理压力。因此，在委婉拒绝对方时，态度一定要诚恳、真挚。特别是领导拒绝下属、长辈拒绝晚辈的要求时，更不能盛气凌人，要以同情的态度、关切的口吻讲述拒绝的理由，争取他们的谅解。在结束交谈时，要热情握手、热情相送、表示歉意。

（二）不要伤害对方的自尊心

人都是有自尊心的。当拒绝他人时，一定要先考虑到对方可能会产生的反应，注意措辞，选择准确、恰当的说话方式来委婉地进行表达。

例如，HR 在拒聘他人时，可以先称赞对方的优点，再合理转折，指出应聘者的不足之处，并祝福对方未来前程似锦。这种先扬后抑的方法可以有效地降低对方的戒备心理，让对方更欣然地接受你的拒绝，甚至会让对方感激你对他的认可，切忌不可只顾罗列对方的缺点，打击对方的自尊心。

（三）不要优柔寡断、畏首畏尾

当面对他人不合理的请求时，不要优柔寡断、畏首畏尾，更不要让自己处于被动的位置，听命于人，要学会勇敢地拒绝他人，要学会说"不"。

二、拒绝他人请求的技巧

（一）把握合适的时机

在一般情况下，当对方向你提出请求而你又想拒绝时，为了不伤害对方的颜面，最好不要当场拒绝，不妨说："让我考虑一下，过几天再答复你。"这样，既让你赢得了考虑答复的时间，又让对方认为你对这件事的态度很认真。这就是一种比较巧妙的拒绝方法，用让对方等待的方式达到拒绝的目的。

（二）另辟蹊径，给对方合理建议

当生活中遇到来自他人的合理请求但又不方便帮忙时，可以先耐心听取对方的烦恼和诉求，在言语上给予适当的安慰。当自己没有精力亲自出马帮助对方时，要把原因或者实情告诉对方，并给对方提出合理的建议，或者为他推荐其他人选，这样的拒绝方式往往能够换来对方的认可和好感。

（三）转移话题，答非所问

当遇到不合理的请求不想直面拒绝时，可以用答非所问的方式，选择一些与对方事情没有关系的话题，将面前这件棘手的问题绕过去，给对方表现出一种完全听不明白的感觉。你的答非所问通常会让对方主动放弃对你的诉求。

（四）缓兵之计，事缓则圆

曾国藩有言："事缓则圆。"在面对一些棘手的问题时，可以尝试这种缓兵之计的方法，既避免了双方尴尬的局面，又能展现出自己的沟通能力。如在面对销售人员过于热情的推销时，可以说"我先看看"或者"先考虑下"，由此既能向对方表明自己的态度，又能很好地拒绝对方。

（五）等价交换，互惠互利

当面对一些超出自己业务范围的不情之请时，除了直接拒绝，还可以根据工作的内容向对方提出条件，以此降低对方对自己的诉求。在双方公平的前提下，提出合理的交换条件，如互相交换工作任务，如果对方同意，则避免了直截了当的拒绝；对方即使心里不情愿做交换，也会碍于情面不再向你提出诉求。

例如，你可以这样说："我可以帮你做好这个数据统计，但你要帮我完成这个文件，可以吗？"

（六）以理服人

如果对方的请求违背了规章制度，完全可以"以理服人"地拒绝他人。"没有规矩，不成方圆"，"理"具有刚性，是规则，是规范，当对方有偏离规则的倾向时，要及时制止，为他讲解遵规守纪的重要性，与其没有理由地拒绝他人，不如陈列出自己拒绝的合理理由。

（七）先发制人

先发制人重在一个"先"字，贵在一个"制"字。当发现对方有对你提出不情之请的倾向时，你可以率先开口，或压制或截断对方的话题，让对方丧失合适的开口时机，通过掌握交际中的主动权，从而达到拒绝的目的。

例如，当你察觉到对方想占用你今晚的时间帮他完成任务时，你可以自然地透露给他："我最近工作很忙，家里的一个亲戚今晚还从外地过来，我必须要去接站。"

（八）敷衍了事

敷衍式的拒绝是最常见的一种拒绝方式。在不便明言回绝时，含糊其词地回避请托人。在拒绝的语境中，敷衍不代表着对待事情不负责，反而可能会变成一种语言艺术。

有人当面向你借钱时，你可以先回答："好，等过段时间我发了工资就借给你。"既没有明确说明发工资的具体时间，也没有确定借钱的金额，这种敷衍的回答方式看似没有拒绝，实则话中有话。

（九）示弱

基于对方的同情心，我们可以向对方说明自己的难处。对于超过能力范围以外的请求，示弱是一个很不错的方法。如卖惨或哭穷，向对方表明自己的不堪处境，可以用玩笑式的方式来拒绝他人的请求。

例如，面对他人的请求，你可以这样来诉苦："这几天工作忙得头昏脑涨，回家还要辅导孩子作业，我恐怕没有时间帮你了呀。"

我们要学会拒绝别人，学会说"不"，同时也要学会尊重别人的拒绝。

交谈是人际交往中最重要的一种方式，掌握言谈礼仪会让自己的工作和生活更顺畅。

思考与练习

1. 问答题

（1）交谈时怎样的表情更具亲和力？

（2）文明礼貌用语的类型有哪几种？

（3）赞美别人有哪些技巧和方法？

（4）拒绝对方时要注意哪些技巧和方法？

2. 论述题

（1）请简述赞美的注意事项。

（2）请简述拒绝的准则。

3. 练习题

（1）两人一组每人讲个故事，对方听完后完整地叙述出来，练习语速的快慢和语气的变化。

（2）请在日常生活中经常使用文明礼貌"十字"用语。

（3）两人一组分别选择一种说服的方法说服对方达成自己的意愿。

（4）模拟现场：下班后同事让你帮助完成对方工作，两人一组选择用不同的拒绝方法拒绝对方。

第九章 涉外礼仪

导读

礼仪一般被划分为商务礼仪、社交礼仪、服务礼仪和涉外礼仪等多种。其中，涉外礼仪的全称是涉外交际礼仪，在国家与国家之间的对外交流和交往、庆祝节日、举行盛典中常常要用到涉外礼仪。随着我国改革开放的日益深入和市场经济的日益繁荣，涉外礼仪的使用比任何时候都显得更加意义显著，深刻领悟涉外礼仪的本质内涵，掌握正确的涉外礼仪外交规则，有利于维护国际社会和平的外交环境和实现国家之间正常的对外交往关系。

学习目标

1．掌握涉外礼仪的原则；
2．了解不同国家语言、迎送、宴请等涉外接待方面的礼仪规范及风俗习惯；
3．了解涉外赠答礼品的礼仪规范。

第一节　涉外礼仪的原则

我国向来就有"礼仪之邦"的美誉，礼仪在中华文明的演进中发挥着重要的推动作用，不仅维护了社会政治生活的基本稳定，而且保持了社会文化的和谐共生。掌握基本的礼仪规范和礼仪修养是人在对外交往和对外活动中必不可少的条件。涉外礼仪作为一种人际交往中的重要礼仪规范，是我国外交礼仪的重要组成部分，在外交活动中使用涉外礼仪正是为了向交往方表示尊重和友好。

在进行涉外交往活动时，参与者应该认识到自己是一个国家、民族和组织的代表，在外国人面前，自己的一言一行应该做到堂堂正正、端庄得体，既不能表现得卑躬屈膝，也不能表现得狂妄嚣张，正确的做法应该是既谨慎又主动。

涉外礼仪在一定程度上体现了本国的国家尊严，每个个体进行对外活动的基本依据是国家尊严，所有对外活动进行的根本目的都是为了国家的根本利益。涉外礼仪的使用也要求不能损害国家的根本利益和国民的本土利益，离开了国家尊严这一根本内涵，涉外礼仪也就失去了自身存在的价值。在国际交往中，涉外礼仪越来越引起广泛关注，该礼节的使用表现了对外宾的充分尊重和热情好客的态度。在使用涉外礼仪时尤其要注重它的规范性、技巧性和对象性。具体来讲，涉外礼仪应遵循以下基本原则。

一、尊重的原则

该原则主要是体现礼仪的本土性，具体表现为对其他国家参观访问或者对本地民族进行交流采访时，要注意尊重被访问国家或被采访地区人民的风俗习惯、宗教信仰和特殊要求，并加深对各地文化习俗的了解程度。"入乡随俗"的本意就是尊重所在地区的风俗信仰，这是与人交往的基本前提。如我国领导人在对德国、俄罗斯等国家进行参观访问之前，应充分了解德国、俄罗斯两国的基本礼节、饮食文化、起居文化、待人接物等各方面的细节和禁忌。

二、求同存异的原则

求同存异主要是要坚持"尊重差异、文化共荣"的基本方针。由于各国家、各地区地理位置、风俗习惯、宗教信仰等文化差异的存在，各地的礼仪也存在巨大差异，面对这些差异，要遵循其礼仪仪式的共通性，正确审视各个国家礼仪文化存在的个性差异。如欧美国家流行拥抱礼、中国流行握手礼、日本盛行鞠躬礼、泰国实行合十礼，同这些国家的人打交道时要注重遵循其不同的礼仪风俗习惯。

三、女士优先的原则

西方一些国家很注重女士的社会地位，生活中处处以女士优先。在一切公共场合和社交场合，所有男士应自觉承担起尊重女士、礼让女士、关心女士、爱护女士、照顾女士和保护女士的责任，如果成年男子由于没有做到这些而使女士陷入尴尬的境地，那这便是男士的失职行为。

四、尊重他人隐私的原则

在涉外交往中，要时刻遵守尊重他人隐私的原则。西方人的隐私主要包括年龄、收入、婚姻状况、身体状况、政治倾向等。外国人通常将年龄视为自己的秘密，一名合格的绅士不会主动打探他人的具体年龄和透露自己的实际年龄；"是否有对象""两个人是怎么认识的""有没有要孩子的打算"等问题通常会给外国人造成一定程度的尴尬；中国人经常将"最近身体好吗""最近在忙些什么"等问题作为见面的问候语，而这对外国人来说是最为反感的问题，外国人在闲聊时通常将"今天天气怎么样""最近天气状况如何"等问题作为主要的见面问候语；收入在一定程度上代表人的社会地位和经济能力，外国人非常反感被问到"基本工资""有无银行贷款""最近是否购买基金和债券"等问题；关于"你是哪里人""最终学历""从哪所学校毕业"等基本社会经历问题通常被外国人看作

"商业机密";外国人反感被人问到基本家庭情况、家庭住址以及个人电话等隐私内容。

五、诚信的原则

诚信,即要做到说话算话、兑现承诺,对于超出自身能力范围的事情不轻易夸下海口,量力而行,做事谨慎;对于已经对他人许下的诺言要及时兑现,只有做到说话算话才能赢得他人的尊重;如果已经对他人许下承诺却又没有及时兑现,要主动向对方说明承诺无法及时实现的原因并争取对方的谅解,必要时要勇于承担因承诺没有及时兑现给对方造成的经济损失。

六、不卑不亢的原则

不卑不亢即为不过分谦卑和不过分高傲。礼仪的使用代表一个国家的对外形象和国民的基本素质,公民的一言一行都应该在充分考虑本国的国家利益基础上,举止从容淡定、落落大方,不畏惧权威、乐观豁达,与他人坦诚相待,做到既不盛气凌人、目空一切,也不过分卑躬屈膝。

七、热情有度的原则

热情有度就是保持基本热情原则的同时遵循适当的"度"。度就是分寸,如果没有合理把握一个该有的分寸,那么往往事与愿违。热情有度原则应该充分体现在以下几个方面:一是在对外交往中应体现对外国人适当的关心和问候,不宜对外国人表现得过于关心和关照,这是礼数问题。二是和外国人的言行举止应该保持限度,在与外国人的交往中切忌表现出过分亲昵的举动和不文明的举动,如拍肩膀、挎胳膊、随意牵手等不文明举止,大吃大喝、用中国话随意开玩笑等不文明行为也应该禁止。三是在涉外交往中面对不同的场合应该采用合理的安全距离。公共距离一般超过 3 米,基本的交际应酬距离一般保持在 0.5~1.5 米,用于会议和庆典场合的距离应该在 1.5~3 米,过于亲密关系的距离应该保持在 0.5 米之内。只有把握好适当的分寸,才能在对外交往活动中给他人留下一个良好的印象。

八、以右为上的原则

在与外国人的商务交往、交流和交谈过程中,无论是站立、就座,还是并排行走,都应该遵循"以右为上"的基本原则。虽然老子在《道德经》里说到"以左为上,以右为下"的基本原则,但在正式的对外交往活动中仍需遵循"以右为上"的国际原则。只有掌握各个国家的基本外交礼仪才能加强彼此之间的深入交流和交往,增强各国之间的睦邻友好和互信互利关系。

另外，在涉外交往活动中，还要把握好谦虚的限度。要适当地对自己给予肯定，切勿随意否定自身，面对他人的称赞和表扬应虚心接受，并真诚地道上一声"谢谢"，这一方面体现了对他人称赞的肯定，同时也表现出了应有的自信；在进行自我介绍时要敢于说出自身的优点，为自己争取适当表现的机会，面对外国人赠送礼品要大方地予以接受，切勿多说降低礼品分量的话语；邀请外国友人进餐时要大方向他们传递"特色菜""本土菜""拿手菜"等信息，这能让外国人感受到对他们的重视程度。

随着我国对外国际地位的不断提升和对全球事务参与程度的日益深入，在国与国之间进行对外交往时必须合理审视并正视各国之间涉外交往礼仪存在的巨大差异。涉外礼仪的差异有着丰富的内涵和外延，具体涵盖饮食、交通、居住、通行、结婚、丧事等各个方面，只有在深入了解国家与国家之间、民族与民族之间、地区与地区之间的礼仪文化差异的基础上，才能在涉外交往活动中真正做到"有所为"和"有所不为"，合理地表达出对对方的尊重。

第二节 涉外接待

涉外接待礼仪在涉外交往活动中被越来越多地使用，所有的涉外参与人员也更加意识到了它的重要性，一个公民、企业、团体的对外言行在很大程度上关系到公司团体的利益和对外形象，这种影响甚至可以上升为国家的荣誉层面。

有人认为接待外宾只需要遵从我国国家的礼仪规范就可以了，这种说法显然具有很强的错误性。由于每个国家、地区和民族的风俗习惯、文化底蕴和宗教信仰具有很大差异，所以在涉外接待过程中要时刻遵循"以客为尊"的原则，合理灵活地引用外国的风俗文化，正视国家与国家之间的文化差异。想要了解并学会运用涉外接待礼仪，首先必须明确涉外接待礼仪的包含内容、重要使用原则、使用技巧以及相关的注意事项。以下就是关于涉外接待礼仪的具体礼仪规范和注意事项。

一、涉外接待的准备工作

国际交往中进行专业性的对外交往必须成立专门的接待小组，由接待小组对所有的外交事务进行全权负责。负责涉外活动的接待小组应对来访人员的人员数量、人员身份职位、来访时间、来访目的等内容进行摸底调查，根据来访人员的数量和存在的特殊情况合理安排住宿的酒店和往返车票，在此基础上要对来访时间段的具体工作事宜制订一份合理的方案，并将方案的具体事项事先呈现给来访人员，在综合征求各位来访人员的具体意见之后确定最终的方案，将这些方案复制成多份，对来访人员进行人手一份的发放工作。

二、涉外接待的形象礼仪

在对外交往活动中时刻关注自身的形象是一个很重要的原则,在国家与国家之间的对外交往活动中,个人形象代表了一个国家的对外形象。形象的本质就是一种教养,这种教养体现了一个国家的文化底蕴和文明修养。

(一)衣着方面

人的服饰着装不必太过华丽,最重要的一点就是干净、整洁。在服装要求方面男士和女士有所不同,在正式场合男士必须身穿西服,穿着西服时最重要的一点就是要求佩戴领带,在较为炎热的天气可身穿短袖衬衫并系领带,或者身穿质量较有保证的短袖敞领衬衫;女士的要求是按照一定的季节变化,可以身穿西服、旗袍、民族服装、连衣裙、长裤、长裙等多种服饰。总之,在涉外交往活动中,无论是男士,还是女士,都不能身穿牛仔裤、帆布鞋、长筒靴等不够正式的服装。

(二)仪容仪表方面

参与涉外交往活动的当事人都应该保持脸部、脖子、手部的干净整洁,头发的长度合理并按时清洗,经常修剪指甲,注意口腔清洁卫生,经常洗澡、换衣服,保持自身的干净清爽,确保身体没有任何异味。

(三)仪态走姿方面

涉外活动的参与人要时刻从自身的站姿、坐姿、走姿、形态等层面严格要求自身,做到站有站相,坐有坐相,仪态要保持端庄大方,姿态要保持从容淡定,用优美的身姿为他人营造一种挺拔感,在坐着时不能抖腿和跷二郎腿,任何时候都要保持大方得体、从容端庄。

(四)涉外活动的谈吐方面

在公共场合要保持语调平稳、语速放慢、音量放小,在谈话时不能直接用手或用刀叉等较为锋利的一方指向对方,以免给他人造成不必要的噪声污染和不良印象,保持谈吐平稳体现了对他人的一种尊重。

三、涉外接待的见面礼仪

在对外交往活动中,对男士的称呼统一规范为"先生",对女士的尊称则是"夫人""小姐""女士"等。通常将已婚的女性尊称为"夫人",而对尚未结婚的女子则统称为"小姐",在不了解女性是否结婚的前提下可以将其统称为"小姐"或者是"女士"。

（一）具体的见面介绍环节

与外国友人见面需要介绍时，介绍人的身份可以是本人，也可以是其他人，进行介绍时要将被介绍人的身份、职位、具体工作等介绍清楚。

（二）见面时的握手环节

按照约定俗成的习惯，握手时应尤其注意主人首先向客人伸手，地位和职称较高的人主动向比自己地位和职称低的人伸手，女士应主动向男士伸手；握手时要注意面带微笑、端庄大方、力度合适、两眼直视并正视对方的眼睛；如果女士没有主动向男士伸手，男士则应该主动向女士微笑点头示好，以此表现男士绅士的一面。

四、涉外接待的迎接礼仪

在涉外活动中迎接外宾时，在宾客抵达下车、下船或者下飞机之后，专门的迎宾人员应当将宾客的姓名、职务等客观情况一一介绍给来访宾客，迎宾人员应该与来宾进行握手致意，如果外来宾客做出主动与我方人员进行拥抱的动作，我方人员可以做出同样的拥抱动作表示欢迎，如果不想拥抱，切记不可勉强拥抱。如果需要向宾客赠送鲜花，尤其要注意不能使用菊花、杜鹃花等黄色花朵。

在乘车去往宾馆的路上，迎宾人员应引导客人从右侧上车，然后陪同主人从车门的左侧上车。在驱车去往宾馆的路上，相关的陪同人员可以积极地向宾客介绍沿途的景观和欢迎标语。如果迎送的对方为职称和地位都较高的宾客，迎宾人员可以为其事先安排在中途车站或者码头的休息室和休息厅，并准备好休息时所需的饮料和食品等，并通过电话联系专门的行李托运协助人员办理相关的行李提取或者是托运手续。

在来访人员比较多时，迎宾人员应该事先将所有来访人员的行李取出，并及时送往目的地，在安排来访人员抵达住宿地之后，应当给来访人员必要的休息时间稍作调整，然后再进行各项事宜的安排活动。

五、涉外接待的会见礼仪

在涉外会见礼仪方面，安排会见的当事人应将会见的时间、地点、人数以及具体的事务安排等情况及时转达给对方。在会见之后要进行合影留念，一般主人位于照片的最中央，主人的右手边作为第一宾位，主宾双方间隔排列，以此类推。

会面的注意事项包括：主人站在大门口或者是楼的正门迎接宾客，如果主人不迎候则应派相关的负责人员在大门口迎接，并将宾客引入会客厅。如果会面的双方均为地位和职称较高的领导级人物，那么必须由专业的翻译人员或者记录人员在场记录，与此次会议的无关人员必须当场退出会议。在具体的谈话过程中，主要宾客必须坐在主人的右手边，相关的记录人员则被安排在主人和主要宾客的后方，其他人员依次按顺序坐在主人的两侧。

会议会见结束之后，会议的主人应该目送并且与宾客握手告别，直至宾客离开。

第三节 赠答礼品

伴随着经济全球化和文化全球化的深入发展，各国友人之间互赠礼品已经成为潮流。赠答礼品是涉外交往活动中的重要环节，交往双方赠送礼品是为了表达彼此之间的友好态度和交往诚意。

在涉外交往活动中礼品的赠答体现了中华传统文化中的"礼尚往来"观念，向他人赠送礼品体现了对他人的友好、尊重和其他特殊感情，这是与他人建立良好人际关系不可或缺的一部分。赠送礼品实际上是一门学问，进行这一环节时要对赠送时间、赠送地点以及赠送技巧等多种因素进行综合考量，明确各个国家和各个民族在进行礼品赠送时应注意的特别事项，这些往往事关双方合作关系的长远建立和维系。

一、礼品的包装与选择

首先，在礼品的包装方面，要对礼品的包装材料、包装颜色、包装形式等进行合理考量，如果礼品的外观、包装设计以及样式等都符合一定的审美观念，那么礼品的档次将会得到进一步的提升，这能在很大程度上体现赠送人的诚意和对受赠人的尊重态度，要采用彩色纸进行包装，包装的样式通常是用丝带系成的蝴蝶结或是梅花结。

其次，在礼品的选择上，要挑选具有一定纪念意义、具有民族特色、本土特色和一定艺术价值的礼品，常见的如书籍、画册、鲜花、纪念品等，都符合送礼的基本条件。

二、礼品赠答的注意事项

在涉外交往活动中，会面交往的双方通常通过赠送礼物来表达自己的感谢之情，以此进一步增进与外国友人之间的深厚情谊，但是礼品的赠送必须符合被赠送人的喜好和兴趣。由于各国文化底蕴的差别，因此在赠答礼品时应合理考虑各个国家的送礼禁忌，并采用合理的方式令所送的礼物能够"投其所好"。例如，赠送礼品的场合不能挑选在人员较多的地方，这不仅容易引发他人的注意力，更能使大众产生一种"贿赂"嫌疑；"9"这个数字在我国是一个幸运的数字，寓意为"长长久久"，但在日本"9"的发音不吉祥，这个数字令日本人避之不及；在阿拉伯国家一条重要的送礼事项就是不可向女性直接赠送礼品，而是必须通过她们的丈夫、父亲等实现间接传达；在赠送鲜花的注意事项方面，日本人将荷花看作不吉祥的花种，德国人普遍不喜欢郁金香，巴西人将酱紫颜色的花应用于葬礼活动。

三、收赠礼品的文明态度

在赠答礼品环节要体现对他人赠送礼品时该有的态度。在涉外交往活动中对他人赠送的礼品表现接受或者不接受时都要合理把握应有的尺度，注意接受的方式和拒绝的委婉做法，切勿给对方造成不必要的误会。

如果对对方赠送的礼品表示欣然接受，那么应该当场大方接受赠送人赠予的礼品并真诚地道上一声"谢谢"，多用一些"我很喜欢这个礼物""太棒了"等赞扬性的话语表达自己的欣喜之情，这对赠送人来说是极大的心理安慰。

如果想拒绝对方赠送的礼品，不能直接说出"我不要""不喜欢"等话语，而是应该首先对赠送人的送礼情谊表达明确的感激，进而婉转地说出自己不能接受这份礼物的原因，并将礼品及时转还给对方，在拒绝的最后时刻再次向赠送人表达自己的感谢之情。

对赠送人的礼品表示欣然接受除了口头进行感谢外，也可以用实际行动表达自己的感激之情，如在接受他人赠予的同时适当地向对方回赠一些礼品，礼品回赠的档次、品味和包装都要与赠送人保持平衡关系。

思考与练习

1．问答题
（1）涉外礼仪的基本原则是什么？
（2）涉外会见礼仪中的注意事项是什么？
（3）我们在受赠礼品时应有的态度是什么？
2．论述题
就国内外礼仪的差异，谈谈你的看法。
3．练习题
设计一次接待国外友人的礼仪场景。

第十章　民航面试礼仪

📖 **导读**

随着时代的进步和发展，我国的民用航空业也得到很大的提升和发展，我国正逐步实现由"民航大国"向"民航强国"的过渡，建设民航强国对民航服务人员提出了更高的要求，不断强化民航服务人员的职业形象，加强对其职业能力和职业礼仪的培养，这对提升空乘人员的服务质量具有显著性的意义，由此也对民航人员的面试提出了更严格的要求。本章将介绍民航面试所需掌握的礼仪规范与技巧。

学习目标

1. 了解面试前的准备工作；
2. 掌握面试的仪容仪态标准；
3. 掌握求职面试的礼仪和技巧。

第一节　面试前准备

在民航服务人员的整个面试过程中，面试之前的准备工作做得越充分，面试取得成功的可能性就越大。在参加民航服务人员的面试之前，面试者应着力进行以下准备工作。

一、个人基本资料的准备

（一）面试的基本硬性要求

准备两张二寸照片和一张四寸生活照片；填写民航公司的履历表，带上相关的学历证书和有关的证明材料。

（二）常见的面试问题

在面试之前应该合理预测面试过程中可能被问到的几个问题，常见的面试问题有以下内容：如，民航面试履历表中应当填写的年龄、性别、学历、学位、家庭住址等情况；介绍家庭成员，主要包括父母和其他家庭成员的基本情况；你为什么选择做一名航空服务人员?你对航空服务人员有哪些基本的了解?你有哪些特长?做一名优秀的航空服务人员应具备哪些品质?你对本公司有哪些了解?公司都有哪些机型、航线?你为什么要报考本公司?在飞机上如果遇到不讲理的旅客时你应如何处理?你考虑过做航空服务人员工作的辛苦吗?如果你被我公司录取,你将准备如何做一名合格的航空服务人员?对这些问题的回答应做好充分的准备。

二、航空公司专业知识的准备

(一)详细了解民航公司的基本情况

具体包括民航公司的整个发展历程、发展阶段、发展现实情况、未来的发展目标和发展方向,民航公司工作人员的队伍发展结构、文化水平、学历水平,机队的基本情况,民航公司的主要竞争对手、空乘各个职位和其他岗位的岗位薪资待遇和工作性质等情况,只有对民航公司的基本情况进行深入细致的了解,才能在面试过程中切中要害,不说题外话或是少说题外话,从而给考官留下一个好的印象。同时还要尽可能地了解空乘专业对所学专业知识的要求,以便面试者在面试过程中能够突出自身的专长。

(二)加强对民航服务专业知识的学习

作为一名专业的民航服务人员,开展服务工作首先要掌握基本的航空业务知识,如在由中国飞往美国等国家的航线班次中,民航服务人员需要尽快掌握中国和美国两个国家的地理状况、文化差异、经济建设、政治建设、文化发展等基本情况,还要加强对沿途经过国家、省份的风景名胜、山川河流、地理景观和名胜古迹等的了解和掌握,加强对飞机飞行航线中出现的紧急情况、突发事故等的了解和处置措施,以便应对飞机飞行过程中出现的紧急情况和突发事故。总而言之,民航服务人员不仅要上知天文、下知地理,还要热爱本职工作、树立正确的服务理念和服务意识。

三、语言沟通关面试技巧的准备

(一)民航服务面试者应加强对自身英语语言的不断训练

民航服务人员选拔的重点之一是面试者的外语交流能力。各航空公司在外语能力方面的要求不一,如中国国际航空公司的基本要求是面试者具有良好的英语外交能力;中国东方航空公司的要求是符合小语种专业要求的考生可以进行报考;海航祥鹏航空公司对外语方面的要求标准是面试者的外语口语较为流利,英语口语能力符合基本的考核要求,面试者应具备日常的英语交流能力;山东航空公司的基本要求是面试者具有较好的英语基础,能够用英语进行正常交流。

由此可以看出,在外语语言要求方面,面试者应该对自身进行严格要求,加强以下两个方面的训练。

（1）在英语语言的听力理解方面，民航的英语听力与日常英语听力的不同之处在于，它的每一个问题都与民航的专业知识紧密相连，因此面试者在日常准备中应多阅读《民航英语阅读教程》，熟悉常用英语词汇的发音和口语练习，以此在听力测试中能够快速做出正确的选择和推断。

（2）在英语的短文问答方面，应找到正确的听力方法和英语训练方法，在英语听力的第一遍应听懂大概的故事情节，在第二遍时应记下重点单词和具体细节，同时针对自身英语听力存在的薄弱之处，要及时进行多听和多练。

（二）加强对自身人际沟通能力和人际交往能力的锻炼

语言是人与人之间实现沟通的重要方式，面对众多的旅客，民航服务人员更要加强对基本沟通能力的训练，掌握基本的沟通技巧。语言的使用、语气、语调、语态等的不同，常常也会导致不同服务结果的出现，受周围成长环境、人际氛围等的影响，每个人的说话行为、说话方式、说话习惯等都有所不同。民航服务人员要掌握沟通的基本艺术，主要包括同普通旅客、特殊旅客、老年旅客、残疾人旅客、情绪异常旅客等广大乘车人员的沟通方法和沟通技巧。在民航服务的整个过程中，合理、正确地使用沟通艺术往往会产生意想不到的效果。

四、面试心理准备

加强对自身性格和品质的培养，有助于提升面试者的自信心，从而促进其心理素质的增强。民航服务工作是一项与旅客直接打交道的工作，每天在飞机客舱内都会接触上千名甚至上万名的旅客，这需要民航服务人员随时都能与旅客进行及时的沟通与了解，如果没有一个乐观开朗的性格就无法很好地胜任此项工作。同时民航服务人员的工作有着其他行业想象不到的辛苦，由于飞行时间、飞行地点、飞行航线等的不断更迭交替，民航服务人员在日常服务过程中，可能会遇到一系列特殊情况的出现，没有乐观向上的生活态度和任劳任怨的精神品质，民航服务人员就不能更好地胜任本职工作。因此，在日常生活中民航面试者要积极参与学校和社会层面的各种实践活动，锻炼自己形成吃苦耐劳和乐于助人等的优良品格。

第二节　面试形象设计

民航服务专业设立面试这一基本流程的主要目的是，通过对学生的面试测试，合理考察民航服务类专业学生的基本素质，主要包括外在形象、形体姿态、基本礼仪规范等，从而选拔出符合航空服务类专业条件的优秀服务人员。

人的第一印象中 70%是由外表触发的，所以求职者的仪表形象关系到应聘效果。面试前应挑选适合自己的服饰和妆容以便为面试加分。航空服务人员的面试着装要求是：简洁大方，穿着要合体、舒服，使自己充满自信。面试时要穿的服饰应在面试前准备好。面试者可以选择职业装，但颜色不要太鲜艳、刺目。

(一) 女士面试形象设计

女士以白色衬衣和黑色裙子为主，款式不要太时髦、前卫，不要有过分夸张的装饰，裙子不要过短、过紧，应在膝盖上下 1～2 厘米为宜；可以搭配一双黑色职业中跟皮鞋，鞋跟以 5～8 厘米为宜，鞋跟过低起不到修饰腿型的作用，鞋跟过高则会在面试中行走不稳造成不必要的失误，并且鞋子穿着要舒服，鞋子的舒适度会直接影响面试时整个仪态的表现，此外，鞋跟及鞋面不要有铁钉等装饰物，鞋要擦干净；可以搭配一个小巧精致的耳钉，以 0.6～0.8 厘米的白色珍珠或小巧的裸钻耳钉为宜，会使人看起来更加精致大方，不可搭配耳坠以及戒指、项链、手镯等烦琐饰品；指甲不可涂抹过于鲜艳的颜色，只可选择透明色、裸粉色这样的自然色，同时指甲的长度也要提前修剪，不可过长（判断指甲长度的方法：手心朝向自己平行放于面前高度，以指尖没有白色指甲露出为宜）；影响仪容仪表的碎发要用发卡固定住，防止面试者经常用手拨弄给人留下不沉稳的印象（见图10-1）。

图10-1　面试规范着装

面试前要整理仪容，保持良好的精神面貌，指甲的修剪要尽量得体干净，不使用不健康的颜色或者是色彩太过艳丽的口红；在发型要求方面，女士不能留披肩发或者染发，而可以将头发盘起或者扎起马尾（见图10-2）。

图10-2　面试前整理仪容

(二) 男士面试形象设计

男士以白色衬衣和深色西裤为主,黑色、深蓝色、藏青色的色系都是可以的,西裤要熨烫平整、有裤线;可以搭配一双黑色正装皮鞋、一双深色中筒袜子和一条领带,领带的色彩以蓝白条纹、蓝色纯色为主,不应颜色过于跳跃花哨;男士不能留胡须或留长发(见图10-3)。

图10-3　男士面试着装

在面试的前几天最好要先试穿整套衣服,检查纽扣是否完整,针迹是否脱开,衣服是否平整,如果在面试时出现意外,会告诉主考官一个信息:你是一个平常生活粗心大意的人。而对于航空服务这个细心的岗位,怎么会允许一个粗心大意的人来担任呢?另外,如果试穿衣服时感觉舒适、良好,也会提升面试者的自信。如果试穿时有不适当的地方,还可以抓紧调整,以保证面试着装合体,给人以落落大方的感觉。面试前还应理发、修指甲、刮胡子,做好细节处理。

所以总结起来就是，参加民航面试的人员要身着职业装，不要画浓妆，应着淡妆，男性面试人员最好身着长裤，无论是男性面试者，还是女性面试者，其着装都不能过于时尚，应尽量给面试考官留下端庄大方的印象，面试者的饰品应力求简单、自然，不佩戴过大的饰物和时装手表。

第三节　面试基本礼仪

参加民航服务人员面试时，应着重把握好以下几个基本方面的面试礼仪。

一、面试的行为

面试者在进考场之前应首先要敲门，在有面试考官引入的情况下这个环节可以省略。在进入考场之后，面试者应轻轻关上面试房间的门，主动向面试考官打招呼问好，如用"考官好"的口头表达和微笑等肢体语言进行，接下来按照面试考官的指示就座。根据具体情况，面试者一般不需要主动向考官伸手握手。

优雅、得体、大方的言谈举止是民航服务人员外在形象的重要展示，是民航服务礼仪中服务人员特有的软实力体现，同时也是民航服务人员基本职业素养的综合体现。民航服务人员的一举一动都必须严格遵守航空公司服务礼仪的基本准则和基本规范，优雅、文明、得体、规范的言谈举止可以让旅客真实地感受到民航公司的服务质量和服务态度，因此参与民航服务的面试者只有大方地将空乘人员优雅得体的举止展现出来，才能最大限度地获得民航面试考官的青睐。

二、面试中的语言

参与面试的人员在整个面试过程中应时刻保持谦虚、谨慎和认真的面试态度，为此应遵循以下基本原则。

（一）使用敬语，认真倾听

面对民航服务的面试考官，一定要注意时刻使用尊语和敬语，这一点尤为重要，整个面试过程一定要认真听取面试考官的讲话，在必要时可以用"嗯""是的"等语气词和点头动作表示自己在时刻认真倾听。

（二）回答具有条理性，掌握语言技巧

面对面试考官的提问，面试者在回答问题之前要厘清逻辑、梳理思路，整个回答要具有条理性，在回答中更重要的是阐述主要问题、表达重要观点，用简洁大方的语言表达出最重要的内容。在回答面试问题时，要掌握一定的语言技巧，不同的语言常常产生不同的效果。此外，面试者应当做到谈吐清晰、语速适中和音量适中，用语得当、简洁规范，避免出现口语化现象。

（三）懂得察言观色

在与面试考官的交谈过程中，要注意时刻关注面试考官的表情变化，如果面试考官表现出集中精力地听你阐述，那么说明面试考官对你的说话内容比较感兴趣，这个时候你可以顺势而为地多谈几句；如果发现面试考官心不在焉、注意力不集中，那么面试者应尽快结束正在叙述的内容。

（四）态度谦逊诚恳，坐姿笔直

在整个面试交谈过程中，面试者最好不要打断其他人员的交谈，在自己回答问题时态度一定要诚恳，不可过分谦卑和过分客套，对面试考官提出的问题不太明白时，应用礼貌的态度向面试考官询问并请他回复，对面试考官提出的问题不会回答时要坦白地承认，让面试考官感受到面试者的诚实品质。此外，整个面试过程中的坐姿一定要规范合理，身姿一定要保持笔直（见图10-4）。

（五）以良好形象结束面试

面试考官示意面试结束时，面试者应保持一种自信、阳光和向上的态度。在面试的最后环节，面试者要保持微笑、起立鞠躬道谢，然后与面试考官主动道别。如果没有特别的要求和特殊情况，面试者不需要与面试考官进行握手。

三、亲和力

在整个民航服务人员的面试过程中，面试者要勇于展示自身良好的亲和力。在民航服务礼仪中，服务人员特有的亲和力是工作人员内在素养的最大体现，因此在参加面试时要将这一内在素养充分展现给面试考官。亲和力主要是指某个人或者某个组织在所有群体中特有的亲切感，同时也指一个人或者一个组织对所在群体施加的影响力。

亲和力展现了民航服务人员对广大旅客的充分尊重和充分认同，这种力量是面试者自身由内而外散发的独特魅力。对旅客而言，民航服务人员独有的职业微笑和亲切问候是具有特别亲和力的重要表现，这种亲和力能够消除旅客乘机时的隔阂感、恐惧感和陌生感，这种周到的服务和亲切的言谈举止可以快速在民航服务人员和旅客之间建立起良好的人际关系，加强双方之间的互动交流和沟通。因此，面试者只有合理把握亲和力的真正内涵，才能在面试中取得高分。所以面试者应在平时加强笑容的巩固练习和与人友好的习惯心态，这样的训练才可以使自己在面试时散发出面试考官想要的亲和力（见图10-4）。

图10-4　面试训练

第四节　面试注意事项

一、面试基本流程

海南航空公司、中国东方航空公司、山东航空公司等航空公司的面试流程大致如下。

（1）第一关是以十人为一个小组进行初试，在初试中民航的十位面试者面露微笑、正视考官，考官通过几句口语指示对面试者的五官、气质、站姿、坐姿、身材比例等进行测试，对测试不合格者进行淘汰。

（2）第二关是通过第一关的选手与面试考官直接进行对话，通过中、英文自我介绍测试考生的英语语言能力和口语表达能力。

（3）第三关是参与面试者被分成 5~6 人的小组进行无领导小组讨论，由面试考官给出与民航专业知识相关的面试题目，如"飞机遭遇事故时遇到不礼貌的旅客怎么办？""旅客行李丢失怎么办？""面对旅客的恐慌情绪应该怎么办？"等问题，该环节主要考察面试者的应变能力和对突发事件的处置能力。有些航空公司还会在面试的最后环节进行英语测试，这需要面试者加强对民航面试语言环节的整体把握。

二、面试注意事项

由面试流程可以看出面试是对面试者综合能力进行的综合评判，所以面试者在进行自我介绍、口语表达时要注意以下事项。

（一）保持亲切的微笑

微笑是面试取得成功的关键因素。微笑是人的一种面部表情，一个舒适良好的微笑可以大大缩短人与人之间的心理距离，可以为民航服务人员与旅客之间的深入沟通和交流创造文明、和谐、温馨的氛围。在所有的笑容中，微笑是最自然大方、最让人感到舒适、最能体现人类真善美的笑容方式。

在民航服务人员的面试中，时刻保持微笑将增加面试成功的概率。下面就来谈谈如何合理运用微笑来取得民航空乘面试的成功晋级。

民航服务人员的微笑可以时刻传递以下信息：首先，微笑代表自信，在面试时始终面带微笑，这表明面试者始终对自身的能力充满信心，始终以不卑不亢和不骄不躁的态度与他人正确交往，可以使面试考官感受到面试者脸上的自信和心底的阳光，这容易给面试考官留下良好的第一印象。

其次，微笑代表自身心情良好，面试者始终面露平和、愉快的微笑，说明面试者心理健康、心情愉快、乐观向上、充实有趣、对人生充满善意。

再次，面试者在面试中始终保持微笑，可以将自身的光芒和魅力充分展现出来。微笑代表人的真诚和友善，真诚和友善是人最珍贵的品质，良好的微笑始终表明面试者心底真实坦荡，待人真心实意和真诚友善，这使他人在与其交往中感觉到轻松自然，不知不觉会缩短两人之间的心理距离。

最后，微笑可以向面试考官传递自身的爱岗敬业态度，时刻保持微笑说明自身对航空服务工作的喜爱和热情，微笑服务能让旅客获得温馨和贴心的感受，创造和谐融洽的工作氛围（见图10-5）。

图10-5　亲切自然的微笑

总而言之，民航服务人员发自内心的微笑是所有身体语言中最直接的表现方式，面试者应该合理利用好微笑这一面试技巧。

（二）保持良好的精神状态

在民航服务人员面试成功的重要因素中，保持良好的精神状态是面试成功的重要因素，那么良好的精神状态具体体现在哪些方面呢？

1. 保持面部的干净整洁

在民航服务人员的整个面试过程中，根据有关的调查了解到，一张干净整洁的面部比一张油光满面的面部更能受到面试考官的青睐,良好的第一印象可以使面试者的面试成功概率提升百分之七十。面对油脂分泌过旺的肌肤,及时关注并清理不仅是女性朋友的专利,更是男性应特别注重的细节部分,因此应挑选去油去污、锁住水分和保持面部洁净的洗漱产品。另外,利用维生素 E 也能起到快速滋润肌肤、保持面部水分平衡的作用。去除脸部的油光和暗沉是建立良好精神状态的第一步。

2. 始终将自信的心理状态展现在脸上

不要妄自菲薄,要多想想自己的优点和长处,只有保持高度的自信,才能在整个面试过程中最大限度地吸引面试考官的注意力。面试者具备自信的精神是充沛自身精力、增强敏锐判断力和促进自身思维缜密的重要途径。

3. 在面试中要始终保持健康良好的心态

面试不仅是一场外在形象和内在知识、技能的较量,更是一场面试者的心理战术,在参与民航服务面试的整个过程中,面试者始终处在接受面试考官打量、检验和提问的情境中,面试者不仅要做好自身的外在形象管理,更要不怯场并勇于表现自己,这样的角色往往容易让面试者出现极端的倾向,而过于表现自己和过分拘谨胆怯这两种极端都会在很大程度上影响面试者最终的面试成绩。

面试中调整良好的心理状态,可以让面试者慢慢变得自信起来。面试者可以从以下两方面入手。

(1)学会转移自身的注意力,通过深呼吸法和想象法将内心不必要的压力释放出来。

(2)学会合理调整自身的负面情绪,合理采用自我降温的方式理智控制自身的情绪并保持情绪稳定。

思考与练习

1. 问答题

(1)请演示不同程度的微笑,找出最适合自己的角度。

(2)设计你的面试形象。

(3)可以调节面试心态的方法有哪些?

2. 论述题

结合自身面试的准备情况,谈谈影响面试的主要因素有哪些。

3. 练习题

挑选 1~2 家航空公司,熟悉其面试流程,并进行模拟面试。

参 考 文 献

[1] 杨静. 形体训练与形象设计[M]. 北京：清华大学出版社，2018.
[2] 李勤，安萍. 空乘人员求职应聘面试指南[M]. 北京：清华大学出版社，2019.
[3] 鲁丹丽，高强. 职业礼仪修养[M]. 北京：高等教育出版社，2018.
[4] 金正昆. 礼仪金说[M]. 北京：北京联合出版公司，2018.
[5] 张号全，孙梅. 航空面试技巧[M]. 北京：化学工业出版社，2017.
[6] 吕艳芝. 公务礼仪[M]. 北京：中国纺织出版社，2016.
[7] 王连英. 民航客舱安全管理[M]. 北京：中国民航出版社，2015.
[8] 韦克俭. 现代礼仪教程[M]. 北京：中南大学出版社，2016.
[9] 徐克茹. 商务礼仪标准培训[M]. 北京：中国纺织出版社，2015.
[10] 李昀. 形象决定未来：职场新鲜人形象管理成功书[M]. 桂林：漓江出版社，2010.

附录　国内外部分航空公司面试标准及流程

一、中国南方航空股份有限公司面试标准要求

（一）基本要求

- 男女不限，身高：男 175~185 厘米，女 163~175 厘米。
- 国家教育部承认的大专及以上学历，专业不限。

"明珠之蓝"精英乘务员须全日制本科及以上学历。
"云上明珠"乘务员必须是全日制本科及以上学历。
全日制学历应聘人员须在 2021 年 9 月 1 日前取得毕业证书。
非全日制学历人员（含自学考试、现代远程网络教育、成人高等教育等）须在应聘时提供毕业证书。

- 不接受现役军人、武警报名。
- 专业不限。

（二）年龄要求

- 1994 年 1 月 1 日至 2001 年 12 月 31 日出生。

（三）外语证书要求

乘务（安全）员无须提供英语证书，面试及笔试环节有英语测试。
"明珠之蓝"精英乘务员需提供相关外语证书，具体如下。
1. 英语类
（下列五项满足其中之一）
（1）通过大学英语六级（CET6）及以上考试。
（2）通过英语专业四级（TEM4）及以上考试。
（3）托业考试分数 650 分（含）以上。
（4）英语新托福考试 60 分（含）以上。
（5）英语雅思考试得分 6.0 分（含）以上。

2. 小语种类

1）通过大学英语四级（CET4）。

2）小语种等级要求（下列九项满足其中之一）。

（1）西班牙语专业四级（含）或 B2（含）以上。

（2）意大利语 B2（含）以上。

（3）阿拉伯语专业四级（含）以上。

（4）荷兰语 B2（含）以上。

（5）法语专业四级（含）或 B2（含）以上。

（6）俄语专业四级（含）或 B2（含）以上。

（7）德语专业四级（含）或 B2（含）以上。

（8）韩语五级（含）以上。

（9）日语等级考试 N2（含）以上。

（四）身体条件

满足中国民用航空局颁布的《中国民用航空人员医学标准和体检合格证管理规则》（CCAR-67FS）中规定的体检标准。

（五）体能条件

根据中国民用航空局的要求，男生在取得安全员执照前须参加民航局组织的安全员初始训练考核，体能考核项目及标准如下表所示。

男士		女士	
项目	标准	项目	标准
3000 米	17'00	1500 米	11'30
100 米	15"50	100 米	18"40
引体向上	3 个	立定跳远	1.3 米
双杠臂曲伸	5 个	1 分钟屈腿仰卧起坐	20 个
立定跳远	2 米		
1 分钟屈腿仰卧起坐	26 个		

二、中国国际航空股份有限公司招聘标准要求

（一）年龄

1. 大专（含）以上学历：18～25 周岁（含）[出生日期在 1995 年 1 月 1 日（含当日）之后]。

2. 研究生（含）以上学历：18～28 周岁（含）[出生日期在 1992 年 1 月 1 日（含当日）之后]。

3. 成熟乘务员：18～30 周岁（含），且累计飞行须满 1200 小时。

（二）身高

女：163～173 厘米
男：173～185 厘米

（三）体重（千克）

女：[身高（厘米）-110] × 90%～[身高（厘米）-110]
男：[身高（厘米）-105] × 90%～[身高（厘米）-105]

（四）视力（C 字表视力标准）

女：矫正视力 0.5 以上
男：裸眼视力 0.7 以上

（五）素质条件

1. 学历。

国内院校应聘者：普通全日制大学专科（含）以上学历的 2020 年应届及往届毕业生，专业不限；对于综合条件优秀的成人教育应聘者可适当放开，须提供《教育部学历证书电子注册备案表》。

国外院校应聘者：须提供教育部留学服务中心的国外学历学位认证书，专业不限。

2. 具有良好的英语口语水平。

3. 普通话发音标准，口齿清晰，表达流利。

4. 五官端正、身材匀称、动作协调、形象气质佳。

5. 具有乘务飞行经历、医护经验或持有小语种相应等级证书的应聘者，可在同等条件下优先录用。

6. 男性须取得乘务员、安全员双执照。

（六）网上报名注意事项

1. "入学前户口所在地"请填写毕业前生源地，如户口已迁出，请填写现户口所在地（因上学迁到学校除外）。

2. 国内院校应聘者：为了使您能够顺利通过乘务员面试资格初审，请在网上报名时务必将在"学信网"下载的《学历电子注册备案表》/《学籍在线验证报告》作为附件上传至在线职位申请表"照片及附件"中的《教育部学历（学籍）电子注册备案表》内。

3. 国外院校应聘者：请将《国外学历学位认证书》作为附件上传至在线职位申请表"照片及附件"中的《教育部学历（学籍）电子注册备案表》内，并在应聘乘务员必填项中的"毕业证号（往届生填写）"中填写认证书编号。"学信网"操作流程：登录学信网（www.chsi.com.cn）点击学信档案，使用实名注册，登录后单击在线验证报告，根据毕业状态选择学历信息/学籍信息，申请《学历电子注册备案表》/《学籍在线验证报告》，单击"查看"按钮获取《教育部学历电子注册备案表》《教育部学籍在线验证报告》。

4．成熟乘务员须在工作/实践经历项中的"工作描述"中如实填写累计飞行小时。

5．请在填写简历时，务必上传《教育部学历电子注册备案表》/《学籍在线验证报告》，并在应聘乘务员必填项中"《教育部学历（学籍）电子注册备案表》在线验证号码"一栏填写 12 位或 18 位在线验证码。

三、中国东方航空股份有限公司面试标准要求

国家认可的全日制或非全日制大专（含）以上学历[须在中国高等教育学生信息网（www.chsi.com.cn）上有电子注册学籍]。

1．全日制学历应聘者须在 2020 年 8 月 1 日之前取得大专（含）以上学历的毕业证书。

2．非全日制学历应聘者须在 2019 年 12 月 24 日之前取得大专（含）以上学历的毕业证书。

3．18~32 周岁，即 1988 年 1 月 1 日（含）至 2002 年 12 月 31 日（含）期间出生。

4．具有乘务员工作经历的（飞行经历满 1000 小时），年龄可放宽至 35 周岁及以下，即 1985 年 1 月 1 日（含）至 2002 年 12 月 31 日（含）期间出生。

5．户籍不限，专业不限，性别不限。

四、四川航空股份有限公司招聘标准要求

1．年龄：18~25 周岁。

2．身高：165~175 厘米。

3．学历：大专及以上（报到时须取得大专及以上学历证书），专业不限，学历验证以中国高等教育学生信息网（www.chsi.com.cn）查询结果为准。

4．视力：单眼裸眼视力要求 C 字表 0.3 以上。

5．语言能力：普通话二级甲等及以上水平。

6．上岗时达到大学英语三级水平。

7．体检、背景调查：符合民航体检、背景调查条件。

8．其他条件：体形匀称，无明显的"O"形和"X"形腿，无明显的内、外八字步；无色盲、色弱、斜视；听力不低于 5 米；五官端正，肤色好，着夏装时裸露部位无明显的疤痕和色素异常；无精神病史；不晕船晕车；无口臭、腋臭；无肝炎、结核、痢疾、伤寒等传染病。

9．口齿伶俐，性格开朗，举止端庄。

10．身高要求 165~175 厘米。

五、厦门航空有限公司招聘要求

1. 未婚未育。
2. 国家教育部承认的大专及以上学历，专业不限。
3. 年龄：18~23周岁。
4. 身高要求：女生162~173厘米，男生172~184厘米。
5. 身材匀称，举止端庄，微笑甜美，语言流畅，气质较好，有较强的亲和力。
6. 符合中国民航空勤人员体检、背景调查条件。

▲成熟乘务员

1. 国家教育部承认的大专及以上学历，专业不限。
2. 31岁以内。
3. 持现行有效的民航乘务人员执照等相关证照，同时具备800小时（含）以上飞行经历。
4. 身高要求：女生162~173厘米，男生172~184厘米。
5. 身材匀称，举止端庄，微笑甜美，语言流畅，气质较好，有较强的亲和力。
6. 符合中国民航空勤人员体检、背景调查条件。

▲"新鹭程"精英乘务员

1. 未婚未育。
2. 国家教育部承认的全日制统招大学本科及以上学历，专业不限。
3. 年龄：18~24岁。
4. 身高要求：女生162~173厘米，男生172~184厘米。
5. 身材匀称，举止端庄，微笑甜美，语言流畅，气质较好，有较强的亲和力。
6. 符合中国民航空勤人员体检、背景调查条件。
7. 外语要求：

英语水平：厦航英语口试良好及以上，且在毕业前取得以下任一种证书。

（1）英语专业TEM4合格及以上。

（2）非外语专业CET6 480分及以上。

小语种专业：CET4在480分及以上且小语种达到以下任一水平。

（1）TOPIK韩语中级及以上。

（2）日语N2及以上。

（3）法语专业四级。

（4）德语专业四级及以上。

（5）其他小语种达到国家级别考试中高级水平。

六、国内外部分航空公司面试流程

（一）中国南方航空股份有限公司

初试目测—复试—机考—试装—体检—政审。

（二）中国东方航空股份有限公司

简历筛选—初试目测—复试（初检—英语—试装—机考—综合面谈）—体检—政审。

（三）深圳航空有限责任公司

初试—复试—终审—体检—政审。

（四）新加坡航空公司

初试—笔试—复试—试装—体检—政审。

注：本书中所列航空公司招聘标准及流程为 2021 年发布，仅供大家参考。每年各公司招聘年龄及时间都有所调整，具体请到各航空公司官网进行查询。